狭小地3・4・5階建て住宅の設計法

大戸 浩・森川 貴史 著　　学芸出版社

もくじ

はじめに　4

1章　都市型住宅としての狭小地3・4・5階建て住宅　5

1　都心の魅力再発見　6
2　都市型住宅のスタイル　7
3　狭小地3・4・5階建て住宅とは　7
4　狭小地住宅のデザイン手法　10
5　狭いからこそ、皆と楽しく住む　10
6　2世帯住宅の相続税優遇制度　11
7　木造密集市街地の不燃化　12

2章　設計のルールとポイント　13

狭小地住宅　設計かつ工事完成までのフロー図

STEP 1.　準備段階の要点

【設計に入る前に】

01　事前に建て主へ伝えること　16
02　建て主から何を聞くか　18
03　ウェブから建築情報を得る　20
04　現地調査で何を見るか　22
05　設計監理契約までの流れ　24

STEP 2.　基本的条件の整理

【法規のチェック】

06　防火・準防火地域の制限　26
07　耐火・準耐火建築物　28
08　階数による制限と緩和　30
09　防火地域の木造2階建て　32
10　前面道路と狭小地住宅の関係　34
11　道路斜線を緩和する天空率　36
12　形態を制限する日影規制と高度地区　38
13　隣地境界線と民法第234条の関係　40
14　2世帯住宅の形態と建築用途　42
15　その他関連法規について　44

【構造や工法の検討】

16　狭小地住宅の構造計画　46
17　地質調査の方法　48
18　東京下町の地盤について　50
19　地盤改良工法のいろいろ　52
20　杭工法のいろいろ　54
21　耐火建築物も可能な木造　56
22　狭小地住宅で一般的な鉄骨造　58
23　耐火性や遮音性に優れたRC造　60
24　各構造形式を比較する　62
25　外壁工法と外部足場　64

STEP 3.　狭小地住宅の設計法

【計画の基本】

26　1階とまちをつなげる　66
27　階段は住宅の中心　68
28　ホームエレベーターの考え方　70
29　屋上利用か屋根か　72
30　地下室の条件　74

㉛ 2世帯住宅の相続税優遇制度　76
㉜ 賃貸併用住宅と事業計画　78

【デザインのバリエーション】
㉝ 狭さを克服するデザイン　80
㉞ 広がりを感じさせるデザイン　82
㉟ 自然を取り込む　84
㊱ 外部環境と向き合う　86
㊲ まちに開くスペース　88
㊳ まちへ投げかけるデザイン　90
㊴ リノベーションという住み方　92

【設備のアイデア】
㊵ 設備機器の置き場　94
㊶ 狭小地住宅の省エネ設計　96

STEP 4. 工事段階の注意点

【工事段階のポイント】
㊷ 隣接建物が迫るとき　98
㊸ 狭小敷地と重機の関係　100
㊹ 土工事のいろいろ　102
㊺ 鉄骨工事の流れ　104
㊻ RC工事の流れ　106
㊼ 完成後に出やすい諸問題　108
㊽ BBSやSNSの活用　110
㊾ 職人を表舞台に　112
㊿ 住まいの見学会　114

3章　設計事例　115

01　4階LDKと屋上がつながる住宅　116
　　SB-HOUSE
02　運河に面した3世帯大家族の住宅　118
　　KI-HOUSE
03　敷地9坪の生花店併用2世帯住宅　120
　　AB-HOUSE
04　地下ピアノスタジオ付RC住宅　122
　　KT-HOUSE
05　小テナントビルの住宅コンバージョン　124
　　BT-HOUSE
06　商店街に建つ4階建て2世帯住宅　126
　　KM-HOUSE
07　オーナー住宅付5階建テナントビル　127
　　FJ-HOUSE
08　狭小間口の2世帯RC住宅　128
　　TD-HOUSE
09　見せる収納で楽しく住む狭小木造住宅　129
　　NA-HOUSE
10　防火地域に建つ木造耐火3階建て住宅　130
　　KY-HOUSE

4章　完成までのプロセス　131

　　狭小間口の鉄骨造5階建て2世帯住宅　132
　　TG-HOUSE

　　おわりに　143

はじめに

　本書は、都市部の狭小地に建つ3・4・5階建て住宅（以下狭小地住宅）の設計を行うための解説書である。建築される住宅の敷地は、都心や下町などでは、一般的な10坪（33m^2）から20坪（66m^2）程度の広さの狭小敷地を想定している。

　このような都市部の狭小敷地に、戸建て専用住宅や併用住宅を設計するために必要な、設計監理契約までの流れ、建築法規、建築構造・工法、建築計画・デザイン、建築工事などの要点を、50のキーワードとして取り上げ、設計の流れに沿って詳しく解説している。

　特に住宅の構造形式に関しては、木造、鉄骨造、RC造を横断的に扱っているので、具体的な設計において構造を検討するシーンでは、各構造形式を比較対照しながら、最良の構造形式が選択できるように配慮した。また後半では、多くの実例を通じて、これらのキーワードが実践的に学べる構成とした。

　ところで本書で詳しく解説する都市型の狭小地住宅は、一般的な郊外型住宅と多くの点で異なっている。最も大きな違いは、都市型の狭小住宅の原型は町屋が原点になっているのに対して、郊外型住宅は、一戸建ての邸宅が原型となっていることである。

　町屋は、その住宅が集合するまちと常に関わりながら、まちと表裏一体で発展してきた住居形式である。一方の庭付き一戸建ての郊外型住宅は、一般的には周囲のまちとはあまり関係を持たずに、敷地の中で自己完結したデザインが求められる点が、町屋を原点とした都市型の狭小地住宅との大きな違いである。

　そのため、都市型狭小地住宅のデザインにおいては、まちと住宅の関係に注目して設計を進めることで、失われつつある、住宅とまちとの良好な関係を取り戻す契機になるのではないだろうかと考えている。

　その意味では、曲がり角に立っている都市型住宅の今後は、空き家住宅のリノベーションや、老朽化した住宅などの建て替えが混在する形で進行すると思われるが、どちらにしてもまちと住宅の新たな関係のビジョンを常に持って設計が行われるべきだ。

　日本の人口は、2008年をピークに減少をはじめている。また東京都の人口も2020年をピークに減少をはじめると予測されている。

　人口の減少やそれに伴う空き家問題がクローズアップされているが、区市町村ごとに詳細をみていくと、一部の区部では、2035年においても人口が増え続けると予測される地域がある。この地域は、都心や下町と呼ばれる活気あふれる地域であり、人々がこれらの地域に住むことを望む傾向が強くなっていることを示している。

　また、この地域は、戦後の高度成長期にできた木造住宅密集地と重なる部分が多い。

　この木造住宅密集地では、防災の観点から耐震性能や防火性能が優れた住宅に建て替える必要がある。そのため、東京都では、これらの木造住宅の密集地域を「木密地域不燃化10年プロジェクト」の中で、不燃化推進強化地域として指定している。また、大阪府も同様に、密集市街地整備を積極的に進めている。今後これらの地域では、住宅の建て替えが促進することが予想されるが、本書で解説している都市型狭小地住宅は、そのモデル住宅となるものである。

　高度成長期に比べて、人々が比較的自由に居住地や住宅形式を選択できる時代は、すぐそこまで来ている。そのため住まいの場所として魅力的な、都心や下町に人々が集まることが予想され、新しい時代に対応した都市型狭小地住宅が求められている。本書をそのような新しい都市型狭小地住宅を設計するための参考書として、ぜひ活用してほしいと思う。

1章

都市型住宅としての
狭小地3・4・5階建て住宅

1 都心の魅力再発見

日本の人口は、2008年を頂点にして減少をはじめた。しかし人口推移を首都圏（東京都、神奈川県、千葉県、埼玉県）に絞ってみると、人口は漸増しており、首都圏は全体として都市化の傾向が進んでいることがわかる（図1）。

また東京都全体の人口推移に絞ってみると、東京都の人口のピークは2020年であり、その後は減少すると予測されている。

しかし、さらに仔細に東京都の中の人口推移の予測をみると、2010年から2035年の25年間における東京都の区市町村別の人口増減率は、多くの区市町村で減少するが、その一方で増加が予測されるエリアがある。それは東京都の東部に集中しており、都心や下町と呼ばれる港区、中央区、江東区、台東区、墨田区などで増加が予測されている（図2）。

このような一部の都市エリアの中におけるさらなる都市化の傾向は、大阪や愛知やその他の都市でも同様に予測されている[*1]。

ここで、東京における高度成長期以降の人口動態を整理してみよう。東京都の人口は、戦後の高度成長期に地方からの流入や自然増で急増したが、この増えた人口は、都心から少し離れた郊外の、鉄道沿線のエリアへスプロール化していった。

それらの人口は、郊外の団地や、分譲住宅地というかたちで受け入れられてきた。

一方都心部は、地価の高騰や環境の悪化で人口は減る傾向が進んでいった。これはいわゆるドーナツ化現象と言われており、東京だけでなく、大阪や名古屋などの大都市もほぼ同じような傾向で推移した。

しかし、近年人口が減少しはじめ、かつ地価の下落傾向が進むと、人は会社に近く、交通が便利であり、教育施設やショッピングなどの、生活基盤施設が充実している都心に居住することを希望する傾向が強くなってきた。

この都心回帰と呼ばれる傾向は、高度成長期と

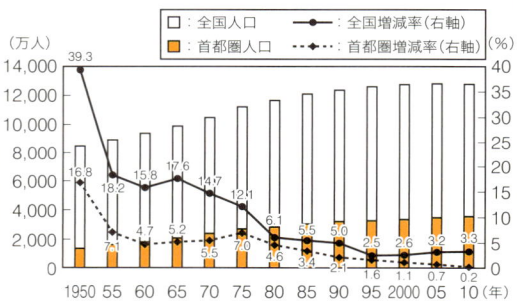

図1　全国及び首都圏人口の推移（出典：内閣府・地域の経済2011 統計データ）

＊1：日本の地域別将来推計人口（2013年3月推計）国立社会保障・人口問題研究所

図2　2010〜2035年の25年間における市区町村の人口増減率（東京都総務局「東京都の人口（推計）」の概要（2015年1月1日現在））

は異なった生活スタイルを求める人々が増えてきたことも要因となっているようだ。

高度成長期には、郊外の庭付き一戸建て住宅を持つことが夢であり、都心の仕事場と郊外の家を、満員電車に揺られ通勤するという生活スタイルが一般的であった。しかし、近年は家族と一緒に過ごす時間を大切にする生活スタイルが好まれる傾向が強くなりつつある（図3）。このような、仕事と生活の新しいあり方が求められた結果、職住が接近した都市型社会の生活スタイルが望まれていると言ってよいだろう。

前述の都心や下町への将来的な人口増加予測は、この流れがさらに進んでいく方向性を示していると思われる。

2　都市型住宅のスタイル

都市化が進み、都市に住む人々が一層増える場合に、それを受け入れる住宅のスタイルは、どのようなものがあるだろうか。

まず、一番の多い住宅のスタイルはマンションであろう。企業の工場跡地や、高層住居誘導地区などの制度によって生まれた大規模な敷地に高層マンションがつくられ、多くの人口を受け入れ続けている。

また最近では、古いマンションをリノベーションして住んだり、古いビルを住宅にコンバージョンして住むという住宅のスタイルもある。

そして今注目されているのが、都心に近いエリアの古い木造住宅等を、新たに3・4・5階建ての都市型住宅として建て替えて住むという住宅のスタイルである。

都心や下町には、戦後の高度成長期に10坪から20坪程度の個人所有の狭小敷地に、木造住宅が多く建てられたが、現在はこれらの住宅が建て替えの時期に差し掛かっている。これらの古い木造住宅は、耐震性や耐火性能が劣り、災害に弱いことが問題になっている。これらの住宅は、最新基準を満たす耐震性や耐火性が高い新しいスタイルの都市型住宅として、生まれ変わることが望まれている。

ところで都市型住宅について、ハウスメーカーの興味深い動きを紹介してみる。東京下町の中心地である墨田区本所吾妻橋に、4・5階建て専用の住宅展示場がある。これは、将来のこの地域の人口増加を見越してつくられたものであり、狭小敷地に、4・5階建ての住宅を想定したモデルハウスは、郊外住宅の展示場では見られない小さなビルのような独特のスタイルの住宅が並ぶ（図4）。

3　狭小地3・4・5階建て住宅とは

前述の都心部で建て替えられる住宅は、筆者は狭小地3・4・5階建て住宅（以下、狭小地住宅）と呼んでいる。ここでは新しい都市型住宅としての狭小地住宅についてまとめてみる。

図3　家族と過ごす時間を大切にする生活スタイル

図4　4・5階建て専用展示場本所吾妻橋ハウジングギャラリー

郊外型住宅とは対照的な狭小地住宅

郊外型住宅と、都市型住宅としての狭小地住宅は多くの面で対照的である。

一般的な郊外型の住宅は、建ぺい率が低く庭があり、全体的にゆとりを持って計画できるが、狭小地住宅の場合には、建ぺい率が高く、敷地一杯に、かつ階数が3から5の住宅が建てられることが多い（図5〜7）。

一般的に前者は、計画の内容が、法的な規制によって縛られることは少なく、比較的自由度が高い設計が可能であるが、一方の狭小地住宅は、法律や環境などの外的な条件が厳しく、建て主の希望通りに、そのまま建てられることは少ない。

また前者が敷地の中で、周囲のまちとはあまり関係を持たず自己完結したデザインが求められるのに対して、後者はまちとの関係の中でまちと一体化したデザインが求められることが特徴である。

狭小敷地が多い

都市計画的にみると、第1種中高層住居専用地域、第1種住居地域、近隣商業地域、商業地域、準工業地域などの、建ぺい率や容積率が比較的高い用途地域に建築されることが多い。

狭小地住宅の敷地の広さは、一般的には10坪（33m²）程度から20坪程度（66m²）の広さの敷地が多く、平均すると15坪（50m²）程度が一般的だ。これは都市部での高額な地価が反映した結果である。

また間口が狭く、奥行きの長い、いわゆるウナギの寝床と呼ばれる敷地形状が多いのも特徴の一つだ。

郊外の一般的な住宅地が、30〜40坪（100〜132m²）程度の広さが多いことに比べ、都心や下町にはこのような狭小敷地が多いことが特徴である。

法規制が厳しい

土地の有効利用の観点から、都心部では建ぺい率、容積率が高く、高密度に建築することが可能である。

しかし一般的な住居系の用途地域の場合には、周辺の住宅への影響を配慮して、高度地区や日影規制などの、集団規定が厳しくなる傾向にある。

一方、商業系の用途地域の場合には、3階建て以上の住宅をつくることが多くなり、防火区画や耐火構造などの、単体規定が厳しくなる傾向にある。

また前面道路が狭い場合には、パソコンを活用して、天空率を使った設計が有効なことも多い。

どちらにしても、都市部に建設される狭小地住宅は、郊外の住宅地に比べてみると法規制が厳しいことが特徴である。

図5　3階建て専用住宅（木造）

図6　4階建て専用住宅（鉄骨造）

図7　5階建てテナント併用住宅（鉄骨造）

耐火または準耐火構造が要求される

一般的に、都市部では準防火地域または防火地域の指定を受ける。これらの地域では、建物には耐火建築物または準耐火建築物の制限が掛かることが多い。

また近年は、準防火地域において、防火性能が低い木造住宅の再生産を防止する意味で、東京都や大阪府などを中心に「新たな防火規制」の区域が指定されるようになった。そのため、これらの地域で住宅を計画する場合には、階数、構造形式などにより、耐火構造または準耐火構造が求められることがほとんどである。

構造計画が難しい

狭小地住宅の構造計画は、一般的には難しいことが多い。

構造形式の選択は、階数、耐火構造の仕様、敷地形状、地盤の状況、建設費用などの様々な観点から決まるので、総合的な見地からの構造計画が必要になる。

また狭小敷地では、間口が狭いことが多く、建物の間口に対する高さの比である塔状比が大きくなりやすい傾向がある（図8）。この場合には、地震や風に対して建物の転倒を考慮した構造設計が求められる。

狭小敷地においては、一つの構造形式にこだわるのではなく、各構造形式の長所と短所を見極めながら、最良の構造形式を選択することが必要になる。

地盤に注意する

狭小地住宅が多い下町地区は、建物を支持するための地盤が悪いことが多い。これらの地域では河川や海などが近いので、建築に際して地盤への対処が要求されることが多い。

そのため設計者は、計画地の地盤に対しての知識が必要になり、地盤調査の方法及び、資料の見方はもとより、地盤改良工法や杭工法の知識が必要になる。

工事が難しい

狭小地住宅が多い敷地では、敷地の狭さだけでなく、前面道路の幅が狭いことから施工時に苦労することがある。前面道路の状況によっては、工事場所へのアプローチが難しい場所も多い。

このような道路条件が悪い敷地で工事を行う場合には、建築工法自体が制限されることもある。資材の運搬、重機の搬出入などが制限されるために、建築工法まで制限されることもある。

また店舗が密集している商店街の場合には、隣接建物が迫り、工事が規制されることもあるので、注意が必要だ。設計者はこれらの敷地条件を考慮して、総合的な観点から狭小地住宅の設計を行う必要がある（図9）。

図8　間口の狭い敷地では塔状比の大きな建物になりやすい

図9　前面道路に重機を置いた難しい工事が多い

4　狭小地住宅のデザイン手法

ここでは狭小地住宅のデザイン手法について考えてみる。室内デザインのテーマとしては、狭小住宅の狭さを克服することが課題であり、外部に向かっては、河川やランドマークなどの都市の資産を活用したり、まちに開き、まちと良好な関係を持つことが狭小地住宅デザインの大きな設計テーマとなる。

狭さを克服するデザイン

都市部で、比較的高さ方向の規制にゆとりを取れる場合は、空間を立体的に使うことで、空間に広がりを持たせることが可能だ（図10）。

また、一つの空間を、多様な用途に使えるようにデザインすることも大切である。

自然や外部環境を活用する

都市部では、隣接する建物が軒を連ねており、自然光や通風を得ることが難しくなる。しかし、周囲を注意深く観察し、これらの要素に注目すれば、都市の中でも自然光や通風を得ることができるはずだ。また屋上や中庭などを活用することで、自然環境を住宅に取り込むことが可能になる。

また都市の中には、河川やランドマークなど、視覚的に利用できる資産が埋もれていることが多い。これらの要素を見つけ出し、住宅の中に取り込むことで、心理的なゆとりや開放感をつくりだすことができるはずだ（図11）。

5　狭いからこそ、皆と楽しく住む

多世帯、大家族で住む

先述のように、日本の人口は、都市部に偏ってきており、居住者の都市志向が目立つ。

一方、2012年には、世帯当たりの人数が、東京都全体で1.99人と、2人を割り込んでしまった。さらに、毎年減少傾向にあるようだ。

しかしその一方で、筆者が都市部の狭小地住宅の設計活動を通して、2世帯住宅をはじめとする多世帯が同居する形式の住宅設計の依頼が増えていることを実感している。

特に都市部で育った若い家族は、郊外で一戸建てを建てるより、実家で両親と一緒に2世帯住宅で暮らす傾向が増えつつあるようだ。

都市部では、職場が近く通勤時間が短縮され、商店などのインフラ設備や教育施設等が整っており、便利で暮らしやすい条件が整っている。近年はこのような家族と多くの時間を過ごすというライフスタイルが好まれる傾向にある。

図10　空間を立体的に、多様に使えるようにする

図11　水路の景観を住宅に取り込む

また親の面倒を見たり、親に子供の面倒をみてもらうという、持ちつ持たれつの関係を望む家族が増えているようにも感じられる（図12）。

大家族で子育てをし、皆で暮らすことの良さが見直されていると言ってよいであろう。

都市部の狭小地における2世帯住宅は、広さにゆとりがないので、世帯を分離させる形式の住宅をつくることは難しいが、住まい方を工夫して上手く住みこなしていくことに、以前に比べて人々の理解が深まっているようにも感じている。

都市部の狭小地住宅においては、狭いからこそ皆で楽しく暮らすことのメリットが見直されている。

まちの中で、皆と住む

狭小地住宅が多く建つ都市部の下町地区では、住宅設計において、住宅が建っているまちとの関係も同時に計画することが大切である。まちと住宅は、別々の計画ではなく、一体のものとして計画されることが望ましい。

狭小地住宅設計には、まちへ向かう外向きの力が働き、まちと関係づけられて計画される必要があることを実感する。

前述のように、郊外につくられた住宅地に建てられる住宅は、敷地境界線の中で完結したデザインが求められ、いわば内向的なベクトルが働き、多くの場合、まちとはほとんど切り離されてつくられてきた。

一方、下町の狭小地住宅は、まちと一体に計画され、まちづくりと関係を持つことができるという意味では、温故知新の住宅のかたちであると感じている（図13）。

まちを住まいの一部と感じることができれば、狭小地住宅のデメリットである狭さを乗り越えて、まちの中で、豊かさを享受しながら皆と楽しく暮らすことができるはずである。

6　2世帯住宅の相続税優遇制度

相続税法において、親（被相続人）と同居していた子（相続人）が住んでいる土地と住宅が、高額な相続税のために失われてしまっては、生活の基盤が成り立たない。そのため相続税法上、このような土地の評価額は、割引評価され、課税の対象から減額される。この制度は小規模宅地等の特例と呼ばれる。

要するに、親と同居していた2世帯住宅であれば、親が亡くなったときに生じる相続税は、一定規模の面積以下の土地であれば、課税が優遇されるというものだ。

ところで、2015年に相続税法が改正され、小規模宅地等の特例の条件がさらに緩和された。これまでこの特例の条件は、敷地面積が240m²（80坪）までであったが、330m²（100坪）まで拡大された。

また対象となる住戸形式が、これまでは住居内に共有部分を持つ共有型しか認められなかったものが、共有部分をもたない分離型でも認められるようになった。そのため、相続税が優遇される2世帯住宅の形式にも多くのバリエーションが可能になったのは、特筆すべきことである。

図12　多世帯で住むことが見直されている

図13　まちにひらいた住宅。祭りではまちと住宅が一体化

このような2世帯住宅の優遇制度は、地価の高い都市部における狭小地住宅を、親子代々で住み継いでいくことをサポートする制度である。

前述した通り、近年は多世代の家族が、多人数で、一つの住宅に一緒に住むという住宅の形態が見直されている。このような時代の潮流を後押しするという意味でも、小規模宅地等の特例制度は有効に活用すべきである。

7 木造密集市街地の不燃化

国土交通省は、全国の市区町村を対象に調査を実施し、「地震時等に著しく危険な密集市街地」を公表している。この密集市街地は地震時に火災が発生した場合には、延焼の危険性と、避難の困難性が高いと指摘された場所である。

これらの地域は、戦後の混乱期から高度成長期に建てられた耐火性の乏しい木造住宅が多く存在し、前面道路が狭いことと相俟って、地震時に著しく危険な地域となってしまっている（図14）。

東京や大阪における、これらの危険な密集市街地の区域図が公表されているが、これらは木造密集市街地であり、不燃化が強く求められている地域である。

東京都は、こういった木造密集市街地を多く抱えており、「木密地域不燃化10年プロジェクト」で、木造密集地域の不燃化を積極的に進めている（図15）。これは都内28地域を整備地域として指定した防災都市づくり推進計画である。このような木造密集市街地の多くは、下町地区に集中している。

しかしなかなか改善が進まない木造密集地域も多く、道路の整備とともに、建築自体の不燃化が強く求められている。

本書で解説している狭小地3・4・5階建て住宅は、耐火性能の高い住宅であり、これらの木造密集地域において、住宅を建て替える時には、モデル住宅となるものである。

図14 木造密集市街地の様子（東京都台東区）

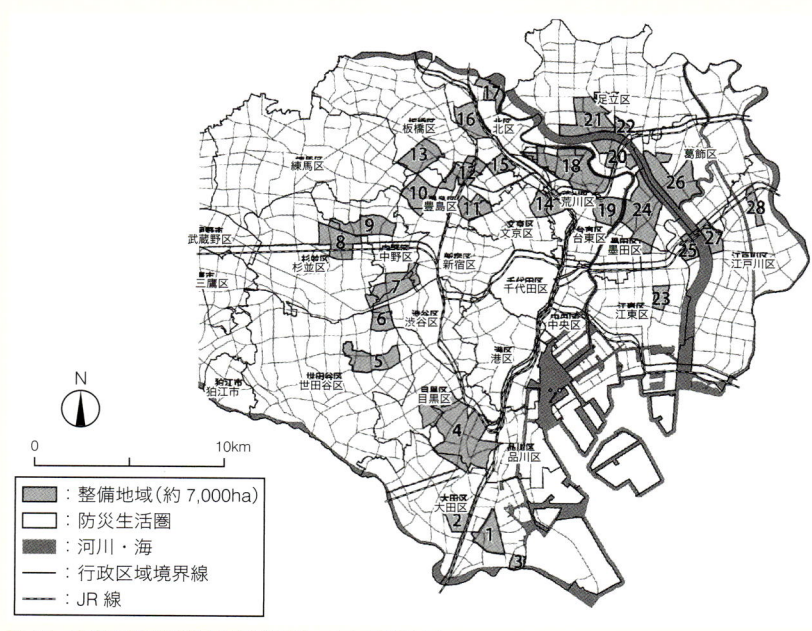

図15 木密地域不燃化10年プロジェクト整備地区（東京都、2014年）

2章

設計のルールとポイント

狭小地住宅　設計から工事完成までのフロー図

STEP 1. 準備段階の要点

POINT

- 建て主とのコミュニケーション
- 設計相談を受けて、すぐに調べること
- 現地調査で何を見るか
- 設計監理契約までの流れ

【設計に入る前に】

- ① 事前に建て主へ伝えること
- ② 建て主から何を聞くか
- ③ ウェブから建築情報を得る
- ④ 現地調査で何を見るか
- ⑤ 設計監理契約までの流れ

STEP 2. 基本的条件の整理

POINT

- 狭小住宅設計の法規に関する要点
- 隣地境界線と民法の関係
- 建物を支持する地盤について
- 地盤改良工法や杭工法のいろいろ
- 狭小地住宅の各種構造形式について

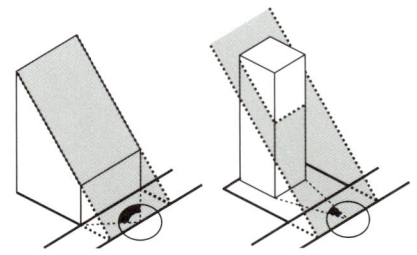

【法規のチェック】

- ⑥ 防火・準防火地域の制限
- ⑦ 耐火・準耐火建築物
- ⑧ 階数による制限と緩和
- ⑨ 防火地域の木造2階建て
- ⑩ 前面道路と狭小地住宅の関係
- ⑪ 道路斜線を緩和する天空率
- ⑫ 形態を制限する日影規制と高度地区
- ⑬ 隣地境界線と民法第234条の関係
- ⑭ 2世帯住宅の形態と建築用途
- ⑮ その他関連法規について

【構造や工法の検討】

- ⑯ 狭小地住宅の構造計画
- ⑰ 地質調査の方法
- ⑱ 東京下町の地盤について
- ⑲ 地盤改良工法のいろいろ
- ⑳ 杭工法のいろいろ
- ㉑ 耐火建築物も可能な木造
- ㉒ 狭小地住宅で一般的な鉄骨造
- ㉓ 耐火性や遮音性に優れたRC造
- ㉔ 各構造形式を比較する
- ㉕ 外壁工法と外部足場

アイコン凡例　　**Keyword 01**　：関連するキーワード番号
　　　　　　　　設計事例 01　：該当する設計事例（3章に掲載）

STEP 3. 狭小地住宅の設計法

POINT

・狭小地住宅における建築計画の基本
・狭くても、楽しく住むためのデザイン
・まちと狭小地住宅のつきあい方
・相続税優遇制度や併用住宅の事業計画
・狭小地住宅における省エネ設計

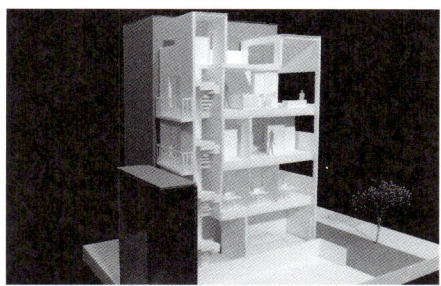

【計画の基本】
㉖ 1階とまちをつなげる
㉗ 階段は住宅の中心
㉘ ホームエレベーターの考え方
㉙ 屋上利用か屋根か
㉚ 地下室の条件
㉛ 2世帯住宅の相続税優遇制度
㉜ 賃貸併用住宅と事業計画

【デザインのバリエーション】
㉝ 狭さを克服するデザイン
㉞ 広がりを感じさせるデザイン
㉟ 自然を取り込む
㊱ 外部環境と向き合う
㊲ まちに開くスペース
㊳ まちへ投げかけるデザイン
㊴ リノベーションという住み方

【設備のアイディア】
㊵ 設備機器の置き場
㊶ 狭小地住宅の省エネ設計

STEP 4. 工事段階の注意点

POINT

・狭小地住宅の施工現場における注意点
・設計者が知るべき土工事の基礎知識
・完成後にクレームになりやすい点
・家づくりにおけるウェブの活用方法

【工事段階のポイント】
㊷ 隣接建物が迫るとき
㊸ 狭小敷地と重機の関係
㊹ 土工事のいろいろ
㊺ 鉄骨工事の流れ
㊻ RC工事の流れ
㊼ 完成後に出やすい諸問題
㊽ BBSやSNSの活用
㊾ 職人を表舞台に
㊿ 住まいの見学会

2章　設計のルールとポイント　　15

Keyword 01 ■設計に入る前に

事前に建て主へ伝えること

　狭小地3・4・5階建て住宅（以下、狭小地住宅）は、一般的な郊外型住宅の設計に比べると、建ぺい率の高い密集住宅地に建っている場合が多いので、敷地条件や法的条件などの、設計における外的な条件が厳しいことが特徴である。その結果、一般的な郊外型の住宅と比べると、様々な規制が掛かるので、建て主の希望通りに住宅計画が進まないことも多い。

　そのため設計を開始するにあたっては、建て主に、狭小地住宅の設計に関わる外的な条件についてわかりやすく伝えておく必要がある。また同時に、そもそも設計監理とはどういう仕事内容なのか、またどのように設計という仕事が進められるのかを、建て主に正しく伝えておくことが大切だ。

　これらの点を事前に建て主へ伝えておけば、その後の設計監理の作業がスムーズに進められることにつながる。なお、狭小地住宅の設計の、法律や建築技術に伴う難しさを建て主に理解してもらうためには、郊外に建つ一般的な木造2階建て住宅の設計をイメージして、比較対照しながら説明するとわかりやすいことが多い（図1、図2）。

事前に伝えたいこと

　ここでは、設計者が、狭小地住宅の設計の作業に取り組む前に、建て主へ伝えておきたいことをまとめてみた。それぞれの項目の詳しい内容については、設計が正式に始まる時に説明すればよいが、事前に概要だけでも伝えておきたい。

1　設計監理の仕事内容

　まずはじめに、設計監理の仕事の内容をなるべく正確に伝えておきたい。これまでに設計した実績の紹介などを織り交ぜつつ、建て主にわかりやすく伝えるのがよいだろう。

　建築士法では、設計業務の内容を伝えるために、「重要事項の説明」が義務づけられている[*1]。ただし、この重要事項の説明は、原則として設計契約直前に行われる詳しい内容説明であり、契約以前の初期の段階では、設計者の立場や仕事内容、全体の仕事の流れ、大まかなスケジュール程度を伝えておくようにしたい。　Keyword 05

2　法規の概要

　容積率や建ぺい率の他に、設計の大きな方向性を決めるような法律上の規制は、概要を伝えておくべきだ。基本的な建築基準法の他に、各自治体ごとの条例、関連法規などの概要はきちんと伝えておくべきである。

図1　狭小地3・4・5階建て住宅の設計条件は厳しい

図2　郊外住宅は、比較的設計条件にゆとりがある

また狭小地住宅などの密集地に建つ住宅の設計には、民法で定められる隣地境界線から外壁面までの距離が重要になるので、設計前に必ず建て主と話し合っておこう。 Keyword 03 Keyword 13

3　地盤の情報

狭小地住宅の設計において、敷地の地盤データは、計画の方向性を決める非常に大切な情報だ。特に海や河川が近い場合には、地盤が悪いことが多いので、注意が必要である。また地域によっては液状化対策が必要な場合もある。

初期の段階では、詳しいボーリングデータは手元にないことが多いので、まずはウェブ等を使い、可能な範囲で情報収集し、建て主に伝えるようにしたい。また多くの自治体で地盤情報が公開されている。 Keyword 03 Keyword 17

4　構造計画の基本

狭小地住宅の構造設計は、厳しい条件になることが多く難しい。また構造形式は、法的な規制、地盤の状況、コストやデザイン性など様々な要因の検討を通して決まることが多い。

構造設計については、耐火構造の仕様、地耐力、コストなどさまざまな外的要因によって結果的に構造形式が決まることもあり、建て主の希望する構造形式が実現できないことも多い。そのことを事前に伝え、建て主の理解を得るようにしたい。

またそのために、構造設計者の技術的なサポートが不可欠となるので、設計の初期段階で協働する構造設計者を建て主に紹介し、コミュニケーションを図ることが望ましい*2。 Keyword 16

5　工事上の注意点

提案設計（プレゼンテーション）の時点では、工事上の細かな注意点までは検討できないので、不明確なことが多い。しかし、敷地の狭さや前面道路の幅や形状などがネックになって、設計上の制約が起きたり、コストに影響があることを、事前に建て主に伝えておきたい。

提案後、実施設計で再検討したら工事上の理由で、提案時の工法が成立しないという状況がなるべく起こらないようにしたい。 Keyword 42 Keyword 43

家づくり全体の流れを説明する

家づくり全体の流れを、建て主に説明することで、今後のスケジュール感とともに、設計の進め方や、設計者の立場などをわかりやすく説明する必要がある。

筆者は、「設計から工事完成までの流れ」を図にして、建て主に家づくり全体の概要や流れを説明するようにしている（図3）。

設計者にとって、建て主との出会い方や設計の依頼のされ方には、さまざまなバリエーションがある*3。しかし各自が、このような流れ図を使い、設計者の立場を説明し、今後の作業の進め方などを話し合うと、建て主にとって、家づくり全体の流れがわかりやすくなるので、おすすめだ。

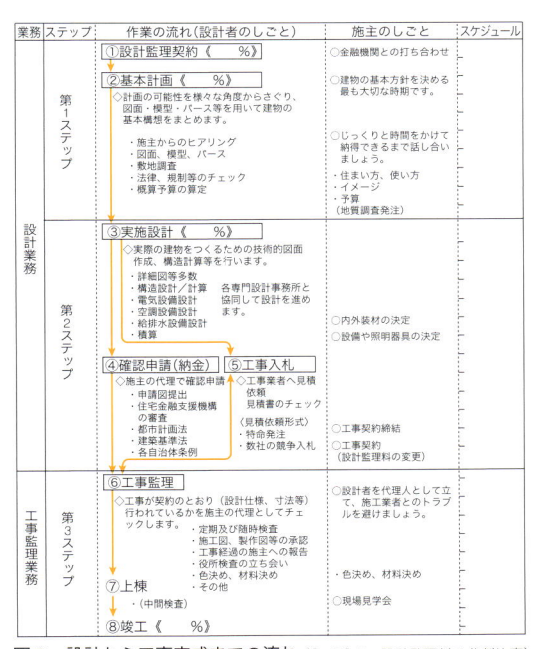

図3　設計から工事完成までの流れ（《　％》は、設計監理料の分割比率）

＊1：建築士法第24条の7で義務づけられた、建て主への設計の事前説明。構造計算書偽装事件等の反省をもとに法制化された。
＊2：建物の構造形式や規模により、構造設計1級建築士による構造設計が必要になる場合がある。筆者は建て主にわかりやすい家づくりが望ましいと考えるので、早めの段階で、建て主に協働する構造設計者を紹介することが多い。
＊3：工務店やハウスメーカーのインハウス設計者と、設計事務所の設計者では建て主に対する立場が異なる。

Keyword ❷

■設計に入る前に

建て主から何を聞くか

　設計は、建て主からのヒアリングで始まるといってよい。そのため、設計におけるヒアリングの作業は、特に重要だ。設計者は心を一度ゼロにして、耳を澄まして建て主の言葉を聞く姿勢を持つことが大切だ。

　しかし狭小地住宅の設計では、一般的な住宅の設計で行うヒアリング項目に加え、狭小地住宅ならではの聞いておきたいヒアリングの内容があるので、ここではそれらについてまとめてみた。

まずは基本的なことを聞く

　まず建て主から聞くべきことは、家族構成、生活時間帯、趣味、希望するイメージなどの基本的なことがらである。これらの項目は、ヒアリングシートにまとめると便利である[*1]。

　まずは一般的な質問を手がかりにして、建て主の生活スタイルや好みや考え方を把握することが基本である（図1、表1）。

狭小地住宅特有のこと

　つぎに建て主から聞いておきたい狭小地住宅特有の項目がある。これらの項目は、目に見えてわかりやすい場合もあるが、潜在的なこととして、背後に見え隠れしていることもある。

　それらは設計者がうまく聞き出すことで、見えるものもある。建て主が、そのまちと深く関わっているような場合には、設計者は、住宅とまちとの関係を顕在化して、住宅設計の大切な要素として設計に取り込むようにしたい[*2]。

　また親の代から住みついてきた土地での建て替え工事の場合は、建て主のまちにおける居住歴が長く、まちと住まいの関係が当たり前のこととしてあるため、建て主自身が見えにくくなっていることも多いようだ。それらのことは、設計者は意識的に見るように心がける必要がある。

1　専用住宅か、店舗または賃貸併用住宅か

　狭小地住宅は、商業系の用途地域のエリアに建つことが多い。従って立地条件としては、交通機関や店舗などの利便性はよいが、地価や固定資産税などが高い傾向にある。そのため、一戸建ての専用住宅ではなく、賃貸併用住宅や店舗併用住宅という選択肢もある。

　賃貸住宅や店舗などを併用することで、継続的

図1　建て主とのミーティング。まずは聞くことが基本

表1　一般的な家づくりヒアリングシートの例

趣味・好きなこと	家族の、家にいる時間帯
家で過ごすとき、よくすること	新しくできる家で、これだけは欲しい
来客（多い、少ない？） どんな来客？	新しくできる家で、これだけはいやだ
リビングでの過ごし方、 タタミ、ソファー	新しくできる家は、こんなイメージ
今のすまいの、好きなところ	今まで住んだ家の、居住歴
今のすまいの、嫌いなところ	その他何でも、自由にお書きください

に稼ぐという発想である。

現在は専用住宅でよい場合も、将来を見越すと、一部を店舗や賃貸住宅として貸すことで賃料を稼ぐという可能性も考えられる。また将来的に、家族構成や生活スタイルの変化が起こっても、対応が可能なフレキシビリティを住宅に持たせることが必要な場合もある。

設計者は店舗併用住宅として事業をしている人や、2世帯住宅や多世帯住宅を希望する人などの将来像を、きちんと聞いておくことが大切だ。

商業系の用途地域においては、単なる専用住宅という枠組みだけで住宅を考えるのではなく、住宅の将来像まで考えたフレキシビリティのある設計が望まれるのが特徴だ。

ただし、近年は賃貸住宅が供給過剰気味であり、賃貸併用住宅には慎重な事業計画が必要だ。

Keyword 31　Keyword 32

2　まちとの関係をどうするか

狭小地住宅は、下町などの密集市街地に建つ場合が多い。そこでは、まちの特性として、住宅とまちが強い関わりを持っている。まちと住宅がどのように関わるかという点は、狭小地住宅の重要な設計のポイントになる。町内会の様子や、近所とのおつきあい、まちで行われる年中行事との関わり方などは、設計の中で重要な項目となることが多い。特に東京の下町地区では、お祭りが、盆や正月よりも大切な年中行事だという認識があり、住宅との関係に配慮が必要な場合もある[*3]。

Keyword 26　〜　Keyword 38

3　災害に対する意識

下町などの住宅密集地において、狭小地住宅の設計を進める場合には、建て主の災害に対する意識をよく聞いておく必要がある。一般的には、建て主は、住宅の防災性能に関しては漠然としていることが多いようだ。

たとえば東京都では、災害時の火災危険度ランク図を公開しているが、この図は耐火性能を決めるための参考資料になる（図2）。

設計には、耐震性能の他に、耐火性能、水害に対して強いなど、具体的な対策を計画することが可能な項目があるので、建て主の防災意識を、具体的に説明して要望を聞いておこう。

構造に関しては、耐震等級などを基準にして、具体的な数字で耐震性能を説明し、目標の設計レベルについて、建て主と合意をとっておくことが大切である。

Keyword 06　Keyword 16

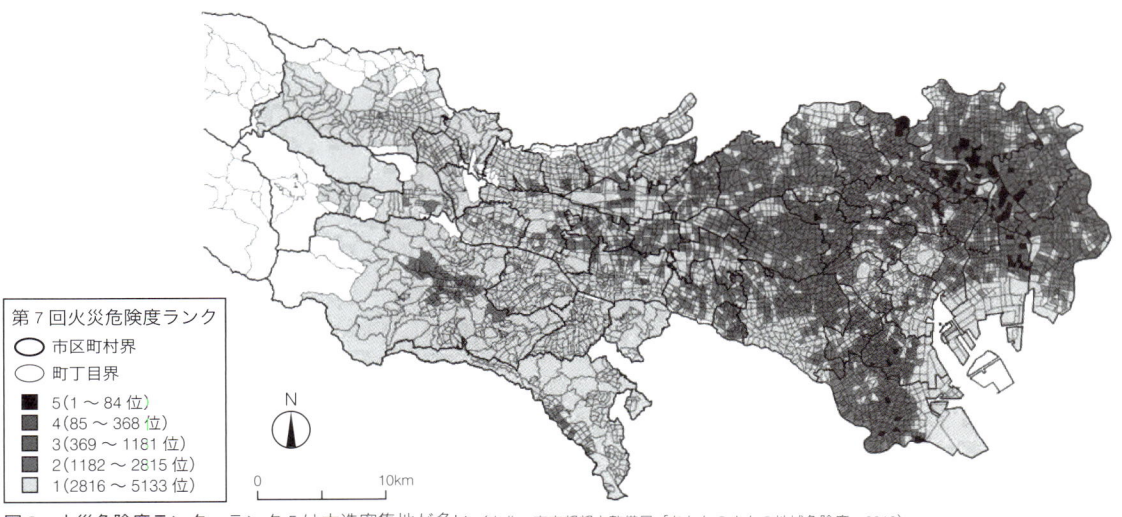

図2　火災危険度ランク　ランク5は木造密集地が多い　（出典：東京都都市整備局「あなたのまちの地域危険度」2013）

*1：ヒアリングシートは、建て主の話を聞く一つの足がかりとして捉えている。まずは、このヒアリングシートをもとに、設計者は話題を広げながら、コミュニケーションを取ることが望ましい。
*2：著者は、まちと住宅は、切り離すことができない関係を持つと考えており、住宅は、まちの一部であると考えて設計を行うべきだと思う。詳しくは Keyword 26 〜 Keyword 38 を参照。
*3：東京の下町の祭りでは、浅草寺の三社祭り、鳥越神社例祭などが有名だ。

Keyword ❸

■ 設計に入る前に

ウェブから建築情報を得る

　ウェブを使えばその敷地及び周辺地域の具体的な建築関連情報を比較的簡単に集めることができる。グーグルなどの民間の地図情報のほかに、各自治体が公開している都市計画・条例など設計に役立つ多くの建築情報を、ウェブから収集することができる。

　また東京都や大阪府では、液状化予想マップや災害危険度マップ、震度予想マップなどの防災関連情報を公開しているので、これらの情報を上手く活用すれば、設計に役立てることができる。

　建築設計には、現地調査が欠かせないが、ウェブからの情報収集は、それを補完するものとして最大限活用しよう。

グーグルのストリートビュー

　グーグルのストリートビューを使うと、道路から見た敷地の景観を、ネット上から見ることができる（図1）。グーグルのポータルサイトから住所検索でアクセスすれば、まちなみの様子やまちの雰囲気もわかるし、航空写真と合わせて見れば、簡単には調査できない屋根の形状や建物の裏面の様子もある程度把握できるので非常に便利なサービスである。ただし、日本全国のすべての敷地に対して情報公開しているわけではなく、車がアクセスできない場所や地方の情報はまだ少ない。

都市計画情報など

　全国の多くの自治体における都市計画情報は、ウェブで公開されている（図2）。具体的な住所から、建ぺい率、容積率、防火地域、準防火地域、高度地区などの情報を検索することが可能である。

　横浜市などいくつかの自治体では、建築する上で重要な道路情報（道路種別、認定道路幅員など）が公開されている。ただし地域の境界付近などの複雑な情報は、実際に自治体に出向いて確認する必要がある。各種条例についても、ウェブによる確認は可能であるが、最終的には、直接役所に問い合わせる必要があることが多い。

図1　グーグル・ストリートビュー（@ Google 2015）[*1]

図2　東京都品川区統合型地図情報サービス[*2]

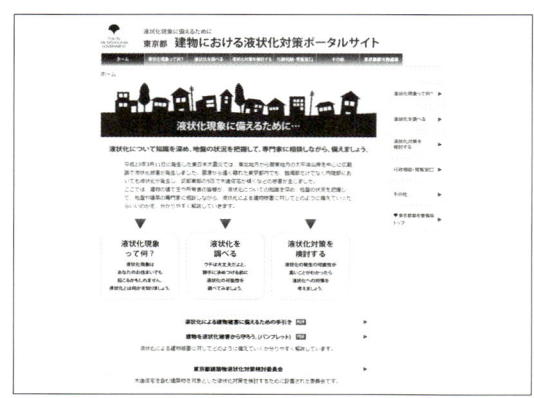

図3　東京都液状化対策ポータルサイト[*3]

東京都液状化対策ポータルサイト

災害関連情報として、地盤データの情報を公開している自治体が増えている。

東京都では、液状化対策ポータルサイトという地盤情報提供サイトを運営している（図3）。ここでは都内の液状化予想マップや、地質調査による柱状図を公開している。かなりのサンプル数が公開されているので、計画地付近の地盤情報を把握する上で、非常に有効な情報源となる。

またこのサイトは、液状化の基本知識の学習の場という位置づけでもある。たとえば、このサイトでは土地の履歴を調べることができる（図4）。都内のあるエリアの土地について、明治時代初期、昭和10年前後、昭和30年前後、昭和60年前後の地図を重ねることができる。その土地の変遷を知ることで、その土地の液状化に対する危険性の理解を深められるところが有益だ。

同様に大阪府のサイトでも、災害想定として、震度分布図や液状化予想マップを見ることができ、地盤の理解を深めることができる。

地域危険度マップ

東京都や大阪府では、震災時の危険度として、建物の倒壊の危険度と、火災の危険度をウェブの地図上で公開している（図5）。このマップは、震災時にその地域が、重点的にどのような災害に対して対処すればよいかという指針になる。またこのマップからは耐震性能だけでなく、耐火性能が必要な地域も存在することがわかる。

都市圏活断層図

国土地理院では、都市圏の活断層図が公開されている（図6）。このサイトでは、国土に関するさまざまな地理情報が公開されているが、その一つのコンテンツとして、都市圏の活断層の位置、ずれの大きさ、方向などを見ることができる。このサイトではその他、国土の豊富な地理情報が満載であり興味深い。

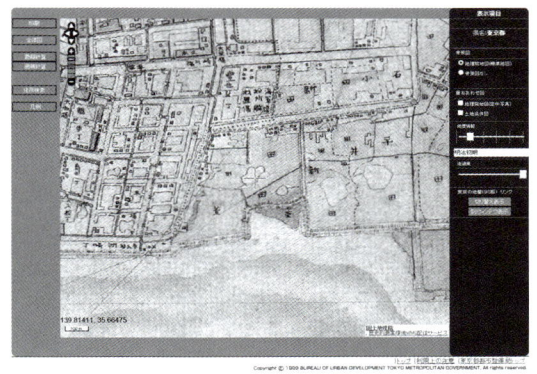

図4　東京都液状化対策ポータルサイト（土地履歴：明治初期）*3

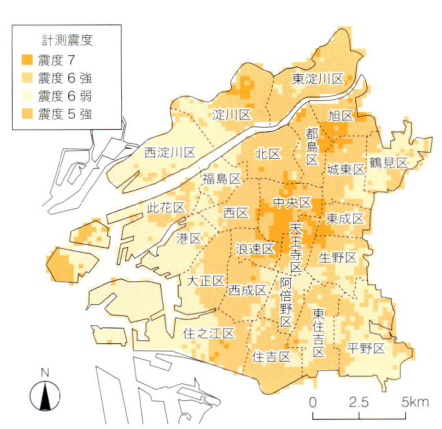

図5　上町断層系の活動による地震（上町断層帯地震）の想定震度分布 *4

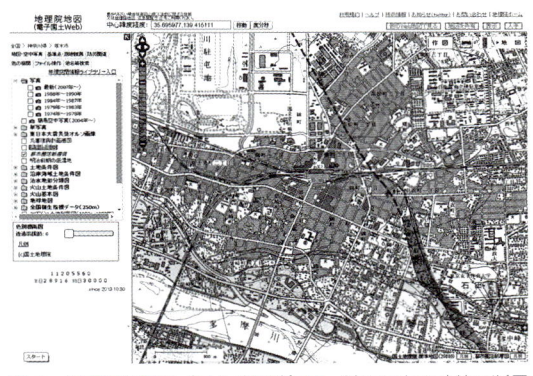

図6　都市圏断層図（国土地理院）*5　斜めに走る破線は断層

---

*1：グーグルマップを使って住所で検索し、目的の地図上に人型のアイコン（ペグマン）を置く。
*2：［品川区統合型地図情報サービス］または［自治体名 都市計画図］で検索
*3：［東京都液状化対策ポータルサイト］で検索
*4：［大阪市・想定震度分布］で検索
*5：［都市圏断層図］で検索

Keyword 04 ■設計に入る前に

現地調査で何を見るか

　現地に足を運び、現地の様子を直接肌で感じ、体全体で体感することは、設計を進める上で、きわめて大切なことだ。現地では、スケール感や開放感など、周囲の環境や建物を含めた総合的な状況を実感できる。そしてその上でこれから計画する建物のイメージを膨らませることが大切だ。

　また現地では、目に見える情報だけでなく、音や風や臭い、その他交通振動などのような五感で感じるデリケートな情報も知ることができるので、注意深く観察すべきである（図1）。

現地調査でのポイント

　設計者として注意すべき点は以下の通りである。

1　道路の幅や形状

　狭小地住宅の計画において、重要なポイントとなるのが、前面道路の幅や形状である。特に計画建物の階数が高い場合には、道路斜線が建物の階数や形状を制限することが多い。また道路幅は、容積率の算定や、工事上の制限になる場合がある。
 Keyword 10

2　境界杭

　比較的古い時代からあるエリアの敷地の場合には、境界杭が見つからない場合がある。しかし多くの場合、地中に埋もれている。建て主や隣地の所有者に確認したり、公図や土地登記簿などを使って、埋もれている杭を探す必要がある。もし杭が見つからない場合は、測量事務所に依頼して、土地所有者の立ち会いのもとで、新規に杭を設置することが望ましい。

3　隣接する建築物や構造物

　隣地の建築、構造物など、設計上注意が必要なものをチェックする。計画する建物の開口部と向き合う、隣接建物の窓や換気扇などの位置も調べておこう。特に、隣接建物のトイレやキッチンの位置には注意が必要だ。　Keyword 42

4　電線や電柱の位置

　電線や電柱が、工事の障害物となる場合がある。電柱の移設については、電力会社などに相談すべきだが、電柱の移設には、近隣の利用者の同意も必要であり、なおかつ申請から工事まで相当な期間が必要なので、現状を受け入れざるを得ないことも多い[*1]。

　電線は、建物への引き込みの方法や位置に影響を与える。電線、CATV線、電話線などがびっし

図1　現地に立って直接肌で感じることが大切だ

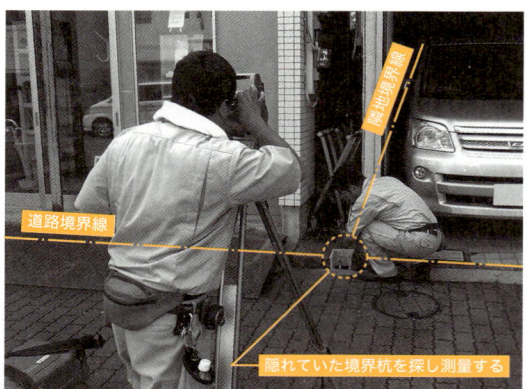

図2　レーザー測量機器による正確な敷地測量

りと張り巡らされていて、工事上の障害となる場合は、工事方法に関して施工会社への相談が必要になる。

また、電柱や電線が計画建物の開口部に重なる場合には、目障りになるので注意が必要だ。

5　水道メーターや排水枡の位置

これらは計画建物の給排水設備の引き込み位置や、配管径に影響がある。ただし、東京都の場合は給水管の配管径は、給水メーターに示される径以上の配管で引き込まれていることが多いので、必ず水道局に問い合わせる必要がある[*2]。

6　振動や騒音について

現地に立って、耳を澄ませてみると、微かな交通騒音や振動などを感じることがある。特に塔状の鉄骨造の狭小地住宅は、振動に対して建物が共鳴しやすいので、設計時には、何らかの対策が必要な場合があり注意が必要だ[*3]。

Keyword 16　Keyword 47

測量を依頼する場合

市街地の狭小地における測量では、敷地の古屋や隣接する建物が敷地境界付近まで迫っていることが多く、テープ等では測量ができないことも多い。

また狭小地住宅の設計においては、形状や寸法がシビアな計画になることが多く、厳密な測量が必要になる。その場合には測量事務所に、レーザーによる測量を依頼する（図2、図3）。

基本的な測量調査項目は、以下の通りである。
・杭の位置、及び杭間の距離、前面道路幅
・敷地及び周辺道路、隣地との高低差
・上記の測量をもとにした面積測量図
・周辺建物の位置、及び開口部等の位置
・必要に応じて、真北測量

正確でかつ正式な測量を行うためには、以下の項目も調べることが望ましい。
・当地及び隣接地の公図、及び土地登記簿
・前面道路の道路種別、認定幅員などの確認
・2項道路であれば、後退寸法を役所で確認

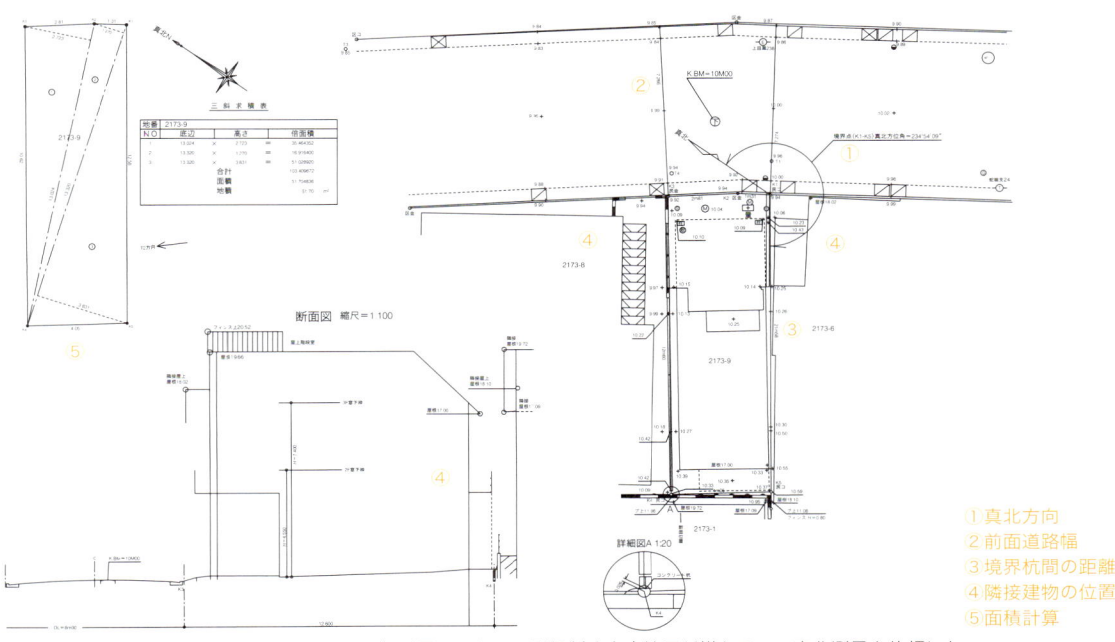

1 真北方向
2 前面道路幅
3 境界杭間の距離
4 隣接建物の位置
5 面積計算

図3　測量事務所による敷地測量図の例　一般測量のほか、日影規制や高度地区が掛かるので真北測量を依頼した

---

*1：電柱の移設は、電力会社への申請から移設完了まで、1年近く掛かる場合もあるようだ。筆者は以前、移設の相談を行ったが、手続きが多く、時間が掛かりすぎて断念した経験がある。
*2：東京都の場合は、水道メーターの手前まで、20mmの配管が行われていることが多い。
*3：前面または近くに、幹線道路、高速道路、鉄道などがある場合には、現地調査の段階で注意が必要だ。

Keyword ⑤ ■設計に入る前に

設計監理契約までの流れ

　ここまでは、設計前の準備段階として調べておくべき項目について解説してきたが、そもそも実際の設計に入るためには、建て主との間で設計監理契約を結ぶ必要がある。

　一般的には設計者が計画案を作成しプレゼンテーションを行い、建て主との間で合意がとれた上で、設計監理契約を結び、正式な設計が始まる。ここでは契約前のプレゼンテーションの概要から、設計監理契約に至るまでの流れを解説する。

プレゼンテーションのコツ

　ここではプレゼンテーションのコツを、実例をもとに、解説してみる[*1]（図1、図2）。

1　敷地条件を調べ、整理する

　主に敷地を取り巻く環境条件を整理する。道路や近隣建物との関係、将来の変化を見据えた調査が必要だ。

　また狭小地住宅の場合、地盤データは、特に重要である。なるべく現地に近い近隣データを入手し、必要があれば構造設計者と相談しながら、構造形式、階数、杭や地盤改良等を検討する。

2　法的条件を整理する

　用途地域、防火・準防火地域、建ぺい率、容積率、高度地区、日影規制などのチェックが必要だ。また、狭小地住宅では道路斜線制限に関して天空率を活用することも多い。

3　建て主の希望を整理する

　建て主へのヒアリングに関しては、狭小地住宅ならではの質問事項がある。しかしこの段階では、あまり突っ込んだ話はせずに、一般的な希望を簡潔に聞くことが多い。

4　計画を提案する

　まずは建て主の希望を優先しながら、プランニングの検討を行う。一方、外的な条件による制限も同時に検討しながら、構造、プラン、階数などをまとめる。模型を作成すれば、デザインの理解を深める効果を期待できる。

　狭小地住宅は、外的な条件による規制が多く、設計の自由度は小さいと思いがちである。しかし外的な規制が厳しい条件でも、豊かな住宅の可能性はあるものだ。資料、模型、図面などを活用して、できるだけわかりやすく提示する。

5　概算予算の提示

　本体概算予算の他、杭工事等が見込まれる場合にはその費用も提示する。その他、解体建物、設備、外構などの工事費用を算出する。また、設計監理料、地質調査費用などの諸費用を算出し、トータルとしての建築費用総額を、概算予算として算出する。

設計監理契約を締結する

　プレゼンテーションの結果で、建て主と合意が取れたら、設計監理契約を結び、ようやく正式な設計が始まる。

　ただし建築士法第24条の7に基づき、設計監理契約前には、設計内容に関する重要事項の説明が義務づけられているので、建て主に対しては、設計監理の内容が十分伝わるように、重要事項について丁寧に説明するように心掛ける。

　また2015年6月に建築士法が改正され、300m^2を超える建築物は必要事項を記入した書面による契約が義務づけられたので注意が必要だ（建築士法第22条の3の3）[*2]（図3、図4）。

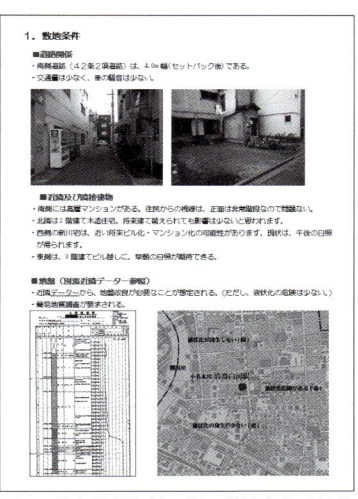 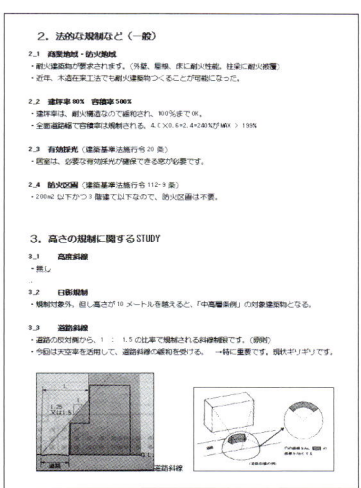 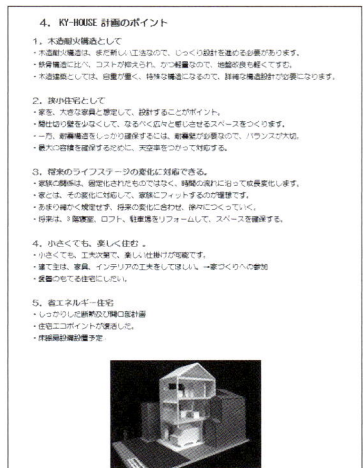

図1　基本構想資料の例　敷地条件や法的な規制、概算予算をまとめ、建て主に提出する。狭小地ではいろいろな面からの規制が多いので、建て主にしっかりと理解してもらうことが大切だ。提案書には、工事費や設計料の概算も含まれる

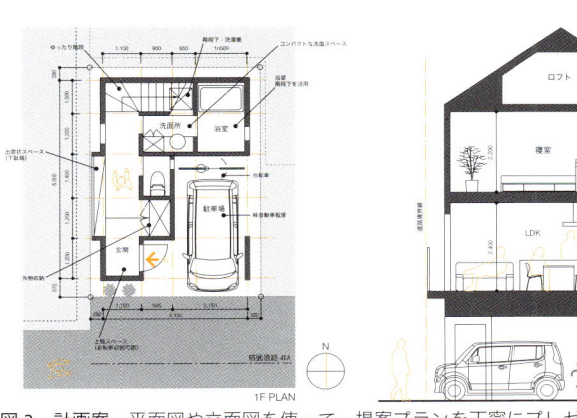 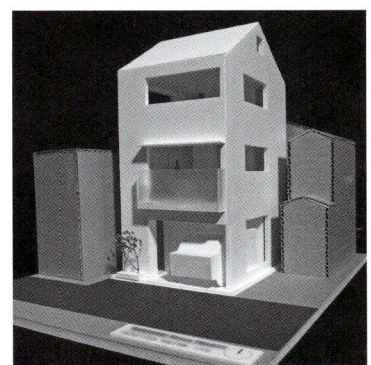

図2　計画案　平面図や立面図を使って、提案プランを丁寧にプレゼンする。狭小地住宅では建て主の要望をすべて実現するのは難しいことが多いので、ヒアリングをしっかりと行い、重要な部分を見極めることが大切である。模型があるとよりわかりやすい

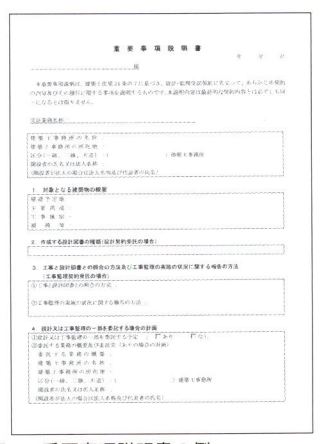

図3　重要事項説明書の例（四会連合協定） 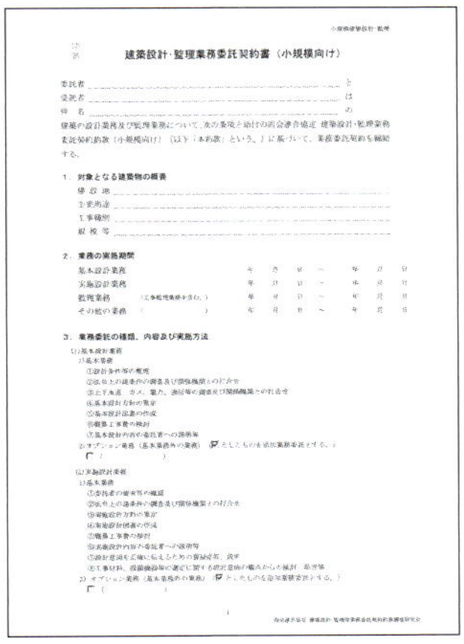　　図4　設計監理契約書の例（四会連合協定）

重要事項説明書や設計監理契約書の書式は、2015年の建築士法の改正を受けて作成された四会連合協定の書式を活用することを推奨する。

今回の改正では、300m²以下の建築物の設計監理契約には、書面による契約を交わすことは求められていないが、狭小地3・4・5階建て住宅の場合、賃貸併用住宅等では300m²を超える場合もあり、四会連合協定の書式による契約に慣れておくと汎用性が高い。

これらの書式は建築士法で定められた必要事項が組み込まれているので、契約書の内容と、添付されている約款を理解して設計監理契約を締結するとよい。なお建築物が300m²以下の場合、この書式で契約を締結した場合には、建築士法第24条の8で規定される書面の交付は免除される[*3]。

＊1：建て主は当初鉄骨造の3階建てを希望していたが、道路条件や地盤条件、施工条件等を考慮して木造軸組耐火建築物として提案し実現した。また、実施設計時に構造条件などを検討の末、車は保持しない生活を選択した。

＊2：2015年の建築士法の改正内容は、前述の書面による契約締結の義務化のほか、管理建築士の責務の明確化、免許証の提示による情報開示の充実化などが主な内容である。

＊3：[四会連合協定 重要事項説明書] [四会連合協定 設計監理業務委託契約書] で検索

Keyword ❻ ■法規のチェック

防火・準防火地域の制限

　狭小地住宅が建築される地域は木造密集地で、防火地域または準防火地域の指定を受けている場合が多い（図1）。

　そのため、階数、面積、及び建物の用途の違いによって、耐火建築物または準耐火建築物が要求される。

　これらの制限に従い、建築の具体的な耐火構造の仕様を決めることになる。ここでは狭小地住宅の設計を念頭に置いて、制限の内容を整理してみる（表1）。

防火地域内での建築制限

　防火地域は、商業地域、近隣商業地域、準工業地域などの用途地域が指定されることが多い。

　ここでは地階を含む階数が3以上、または100m²を超えるものはすべて、耐火建築物にしなければならない。また、地階を含む階数が2以下、かつ100m²以下のものは、準耐火建築物の仕様が求められる[*1]。

　要するに防火地域内では、一般的には耐火建築物が要求されるが、2階建て以下で、かつ100m²以下の場合は、準耐火建築物でもよい。このことは住宅計画において重要な規定だ。ちなみに準耐火建築物は、木造でつくることも可能だ[*2]。

Keyword ❼　Keyword ❽　Keyword ❾

図1　木造密集地が多く残る地域（東京都墨田区）

準防火地域内での建築制限

　東京や大阪などの都市部では、防火地域以外は、準防火地域に指定されている場合が多い。準防火地域内では、地上階数4以上、または1,500m²を超える建物は耐火建築物が要求される。また地上階数3（1,500m²以下）、または地上階数2以下（500m²を超え1,500m²以下）の建物は準耐火建築物以上が求められる。また地上階数2以下（500m²以下）の建物は、外壁や軒裏の延焼の恐れのある部分に防火構造が要求される。
　Keyword ❼　Keyword ❽

「新たな防火規制」の区域

　近年、東京や大阪などの大都市部では、準防火地域内に「新たな防火規制の区域」を設けている

表1　防火地域と準防火地域の防火規制（東京都の場合）

要求される耐火仕様	防火地域	準防火地域	準防火地域（新たな防火規制）
耐火構造	地階を含む階数が3以上 または、A＞100m²	地上階数が4以上 または、A＞1,500m²	地上階数が4以上 または、A＞500m²※
準耐火構造	地階を含む階数が2以下 かつ、A≦100m²	地上階数3（1,500m²以下） 地上階数2以下（1,500≧A＞500m²）	地上階数が3以下 かつ、A≦500m²※
防火構造	不可	地上階数が2以下 かつ、A≦500m²	不可

※：東京都の場合

（図2）。

これは特に、準防火地域内の木造密集地域における耐火性能の低い住宅、つまり「外壁や軒裏が防火構造の木造住宅」の再生産を防止することを目的として設けられた規制地域である。この規制内容は、各自治体で異なる。

東京都の場合この区域では、地上階数が4以上、もしくは500㎡を超える場合には、耐火構造の仕様が求められ、地上階数が3以下で、かつ500㎡以下の場合には準耐火構造が求められる（図3、図4）。

また大阪市の場合は以下の通りだ。

第一種住居地域、第二種住居地域及び準住居地域の全部並びに準工業地域の一部（建ぺい率が80％の地域）においては、大阪市建築基準法施行条例にもとづき、建築物の防火規制を次の通りとする（ただし、防火地域は除く）。

ア：原則として、全ての建築物は耐火建築物又は準耐火建築物
イ：延べ面積が500㎡を超えるものは耐火建築物
ただし、建ぺい率が60％以下の建築物とする場合は、従来の建築基準法にもとづく防火規制の通りとする。

防火と準防火地域の内外にわたる場合

計画建物が、防火地域と準防火地域の内外にわたる場合には、防火壁で区画されている場合を除き、建築全体が厳しいほうの制限、つまり防火地域としての制限を受けることになる。

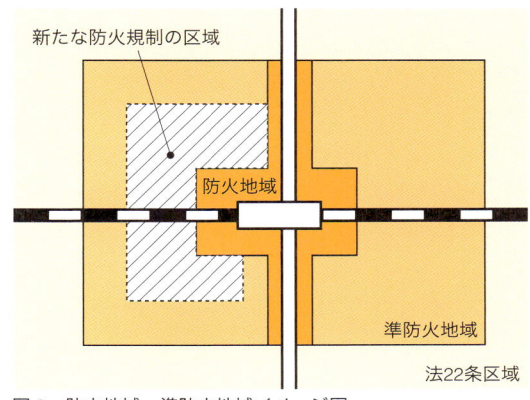

図2　防火地域・準防火地域イメージ図

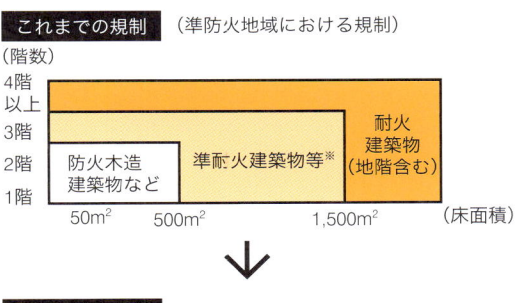

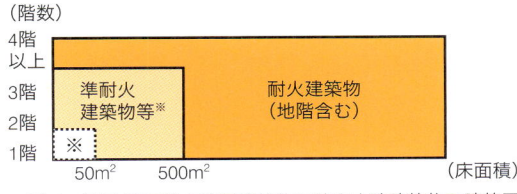

※50㎡以内平屋建の附属建築物は防火木造建築物で建築可

図3　新たな防火規制の内容（東京都）

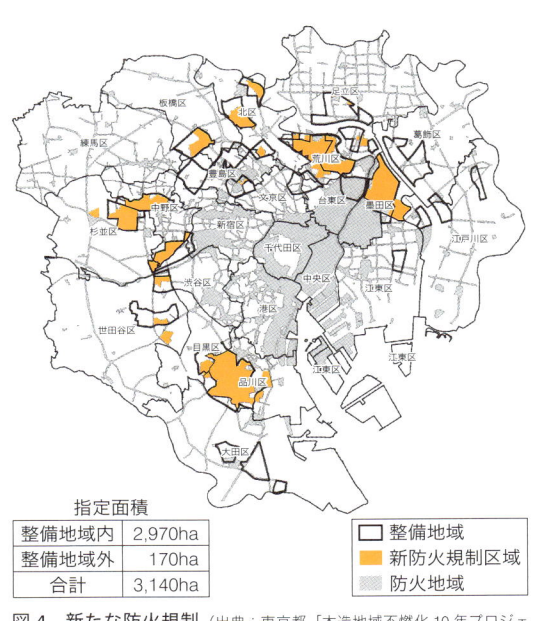

図4　新たな防火規制（出典：東京都「木造地域不燃化10年プロジェクト」実施方針、2012）

＊1：建築基準法第62条、及び63条の規定で、防火地域の場合、耐火及び準耐火構造の判断のための階数の算定には、「地階」を含むので注意が必要だ。一方、準防火地域では、階数算定にあたり地階を含まない地上階数で算定する。

＊2：木造の準耐火構造は、イ準耐-1（1時間）、またはイ準耐-2（45分）でつくられることが多い。

2章　設計のルールとポイント　27

Keyword 07 ■法規のチェック

耐火・準耐火建築物

「耐火構造」と、「耐火建築物」という用語は、建築基準法上では区別されている。

「耐火構造」とは、柱、梁、壁、床などの建築の主要構造部[*1]が、国土交通省の定めた仕様[*2]を満たすか、個別の認定を受けた耐火性能を有する構造の要素を指す[*3]。

一方、「耐火建築物」とは、主要構造部が定められた耐火性能を有する建築の部分から構成され、かつ延焼のおそれのある部分の開口には防火設備を設けたもので、建築物全体を指す言葉である。「準耐火構造」と、「準耐火建築物」に関しても同様である（表1）。

耐火建築物の概要

狭小地住宅の設計においては、耐火建築物の仕様が要求されることが多い。そのため、一般的に耐火建築物は、鉄骨造やRC造でつくられることが多い。しかし近年は、木造による1時間耐火構造が認定されるようになった。ここでは狭小地住宅が、耐火構造を求められたときのポイントを、構造形式別にまとめる。

1　鉄骨造による耐火建築物

狭小地住宅は、現場での施工性、耐火仕様のつくりやすさ、耐火構造のバリエーションの多さ、コストなどの理由から、構造形式として鉄骨造を採用することが多い。

ただし、鉄という素材は、不燃材ではあるが、熱に弱いので、柱や梁などの主要構造部には耐火被覆を施す必要がある。

鉄骨造の設計では、柱や梁の耐火被覆や、外壁・屋根・床の耐火構造の仕様には工法の選択肢が多いので、どのような仕様にするかがポイントになる。また鉄骨造は、工場製作の比重が高い乾式工法なので、現場での作業が少ないことが特徴だ。

そのため紋切り型のデザインの設計に陥りがちで、単調な建物になりやすい。その意味では、鉄骨造の設計は難しいといってよい。 Keyword 22

2　RC造による耐火建築物

RC造は、躯体自体で高い耐火性能を有する構造形式であるので、特に耐火構造の仕様を意識しなくてもよいのが長所だ。ただし、RC造は現場での施工が主体である湿式工法なので現場の管理が大切であり、工期が必要だ。また構造体の自重が大きいので、杭工事、基礎工事によっては工期やコストが掛かる。そのため地盤が悪い場合には、十分な検討が必要な構造形式だ。

またRC造は、施主が強く希望することが多い構造形式である。コンクリート躯体のデザイン性が高く、また耐火性能も高いので、工期や工事費にゆとりがある場合には、積極的にチャレンジする価値がある構造形式だ。 Keyword 23

3　木造による耐火建築物

近年、木造軸組在来工法やツーバイフォー工法でも、1時間耐火構造が可能になった。

木造軸組1時間耐火構造は、一般社団法人・日本木造住宅産業協会が、先導して開発した工法であり、国土交通省大臣認定の耐火構造である。日本木造住宅産業協会が開催する所定の講習を受ければ、誰でも設計や施工ができる。

ただし、耐火仕様の内容は厳しく、複雑な仕様規定があるので、木造といっても簡単に耐火構造ができるわけではない。しかし、狭小地の3階建て住宅の場合などで、前面道路が狭い場合や、地盤が悪い場合など、建築条件が厳しいときには、この工法は一つの選択肢になる。

また、木造住宅を得意とする町場の工務店で施工ができることも大きな魅力だ。

ただし木材の骨組みを不燃材で耐火被覆する工法なので、木造であるが、柱や梁をそのまま現した意匠とすることはできないので、木造らしさが表現できない点に不満が残る。今後の技術開発を期待したい。 Keyword ㉑

4 階数による耐火構造の制限

耐火建築物の場合、主要構造部に関しては、最上階から数えて階数 4 までは、1 時間耐火の性能が求められる。また同様に階数が 5 から 14 までは、2 時間耐火の性能が求められる。

耐火構造からみて、鉄骨造や RC 造に階数の制限はないが、木造軸組工法は、1 時間耐火構造なので、特殊な工法や混構造を除き、現状では一般的に地上 4 階建てまでが限界である。 Keyword ⑧

準耐火建築物の概要

一般的には準耐火構造が求められる場合は、木造として設計を進めることが多い。しかし、鉄骨造による準耐火構造も可能なので、ここでは、木造と鉄骨造による準耐火建築物について概要をまとめる。

1 木造による準耐火建築物

一般的には、準防火地域に建つ 3 階建て住宅は、準耐火建築物として計画されることが多い。この場合、専用住宅であれば、イ準耐-2 で（45 分準耐火）でつくられる場合が多い。

ただし、3 階建ての共同住宅であれば、イ準耐-1 で、1 時間準耐火と呼ばれる、より高い耐火性能を有するものが要求される。 Keyword ㉑

特に 2 世帯住宅の場合、共同住宅型、つまり完全分離型の 3 階建てにする場合には、イ準耐-1 としなければならないので注意が必要だ。 Keyword ⑭

また、イ準耐-1, 2 は、層間変位角を 1/150 以内に抑える必要があることにも注意したい[※4]。

準耐火建築物は、主要構造部において各種メーカー等によって取得された、個別認定の工法が数多くあるので、選択肢は多い。

2 鉄骨造による準耐火建築物

ロ準耐と呼ばれる準耐火建築物は、鉄骨造や RC 造を念頭に置いた工法である。

主要構造部は、準耐火構造になっていないが、ロ準耐-1 は外壁を耐火構造とし、屋根を不燃材でつくったもの、ロ準耐-2 は、主要構造部を準不燃材料でつくり、外壁の延焼部分を防火構造としたものである。 Keyword ㉒ Keyword ㉓

省令準耐火構造とは

省令準耐火構造とは、建築基準上の耐火構造ではなく、住宅支援機構（旧住宅金融公庫）が定めた、独自の基準である。建築基準法の準耐火構造は、外部の火事からの延焼防止が主な目的であることに比べ、省令準耐火構造は、上記の目的に加え、室内から、別室及び外部への延焼防止、及び延焼を遅らせることが目的として定められた構造である。ただし、都市部でない住宅にも使えるように防火設備を必要としていないことが特徴だ。

省令準耐火構造の基準を満たすと、住宅支援機構の融資条件や、火災保険、地震保険の加入条件が有利になる場合がある[※5]。

表 1　耐火建築物と準耐火建築物の概要

耐火建築物 （建築基準法 2-9 の 2）		主要構造部を耐火構造、または耐火性能の技術的基準に適合したもの
準耐火建築物 （建築基準法 2-9 の 3）	イ準耐-1	主要構造部を準耐火構造としたもの（1 時間）
	イ準耐-2	主要構造部を準耐火構造としたもの（45 分）
	ロ準耐-1	外壁を耐火構造とし、かつ屋根を不燃材で造る等としたもの（施行令 109 の 3-1）
	ロ準耐-2	柱、梁を不燃材とし、かつ外壁の延焼部分を防火構造としたもの（施行令 109 の 3-2）

※ 1：主要構造部とは、壁、柱、梁、外壁、床、屋根または階段のこと。構造上重要でない間柱、小梁等は含まない。
※ 2：平成 12 年建設省告示第 1399 号で、一般的には告示仕様と呼ばれている。
※ 3：いわゆる個別認定と呼ばれており、各メーカーや材料メーカーの協会などが独自の工法で取得した個別の認定のこと。
※ 4：建築基準法第 109 条の 2 の 2 の規定。地震時において、各階に生じる水平変位を、各階の階高で割った値。
※ 5：住宅支援機構のサイトを参照。［住宅支援機構 省令準耐火構造］で検索。建築基準法の準耐火構造と混同しやすいので注意。

Keyword 08

■ 法規のチェック

階数による制限と緩和

　狭小地住宅の計画において、階数から見た建築の制限と緩和、または考慮すべき注意点について整理する。ここでは3〜5階建て住宅と、参考として2階建て住宅を加えて、階数ごとの建築の制限と緩和、また該当する条例や注意点についてまとめた。ここでは、100〜150m²程度の一戸建て専用住宅を前提として検討する。また、ここでは一般住宅を念頭に、階数を○階建て住宅と説明するが、防火地域の場合は地階も階数として算定するので、読み替えてほしい（表1）。

3階建て住宅

　準防火地域では、3階建て、または500m²を超え1,500m²以下ならば、準耐火建築物が求められる。

　一般的には、準耐火構造の3階建ての住宅は、法律の規制が穏やかである。たとえば、防火区画（竪穴区画）の緩和規定は、狭小住宅においては、設計上のメリットが大きい。建築基準法施行令第112条の9では、準耐火構造の階数が3以下で、かつ延べ床面積が200m²以下の一戸建て住宅（共同住宅も含む）の、吹き抜け、階段部分、昇降機の昇降路部分は、防火区画の規定から除外されている。つまり3階建て以下の住宅は、階段室を防火区画（竪穴区画）する必要がなく、室内空間を比較的自由に、かつ開放的にデザインできるので、設計上のメリットは大きい[*1]。

　また構造計画における地盤改良工法は、3階建て以下が、個別認定の条件であることが多い[*2]。

4階建て住宅

　4階建ての住宅計画になると、さまざまな法律の規制が加わる。これは、4階建てになると戸建て住宅ではなく、不特定の人が使う一般のビル建築として扱われるからだ。住宅は特定の家族等が使う建築であり、他方、一般のビルは不特定の人が使う建築という前提となっている。そのため一般のビルは、避難等の基準が厳しい[*3]。

　4階建てでは、防火地域、準防火地域ともに、耐火建築物が求められるようになる。

　また、建築基準法施行令第112条の9により、防火のための竪穴区画が必要になる。狭小地住宅の計画の場合、階段室を居室から独立させて防火区画することは、室内空間を圧迫することになる。

　このため4階建ての場合は、階段室の防火区画によって、居室側に圧迫感が出ないようなデザイン上の工夫が望まれる（図1）。 Keyword 27

表1　階数と主な制限の一覧表（100〜150m²程度の住宅の場合）

階数	2以下	3	4	5
防火地域（地階含む階数）	準耐火建築物（100m²以下）	耐火建築物	耐火建築物	耐火建築物
準防火地域（地上階数）	外壁・軒裏　防火構造	準耐火建築物	耐火建築物	耐火建築物
新たな防火規制地区	準耐火建築物	準耐火建築物	耐火建築物	耐火建築物
竪穴区画の緩和	○	○	×	×
日影規制[注1]	—	△	該当する	該当する
地盤改良工法[注2]	○	○	△	△
摩擦杭の利用[注3]	○	○	○	×
木造耐火建築物	○	○	○	×
ホームエレベーター	○	○	○	×[注4]

注1：ただし用途地域や高さに注意　注2：一般的な地盤改良工法　注3：東京都の場合　注4：4階までは利用可能
△印は、個別の判断が必要

一般的には4階建てになると、建築の高さが10mを超えるので、商業地域以外であれば、日影規制の対象となる。その場合には、各自治体の条例（中高層建築物に関する紛争の予防と調整）の対象となり、計画のお知らせ看板を設置し、近隣説明の義務が生じる。近隣説明は、説明用の資料作成、説明のための近隣挨拶まわりなど、かなりの時間と労力が必要だ。 Keyword ⑮

またホームエレベーターを設置する場合は、昇降は4階建てまでが限界である。 Keyword ㉘

構造関連では、東京都の場合には、摩擦杭が使用できるのは4階建てまでと規定されている。 Keyword ⑳

5階建て住宅

5階建てになると、さらに制限が厳しくなる。

耐火建築物の場合、最上階から数えて4層は、主要構造部は1時間耐火であるが、5層以上で11層以下の階には2時間耐火が求められる。つまり5階建ての1階部分は、2時間耐火構造が要求されることになる。

ホームエレベーターに関しては、設置は可能であるが、昇降は4階までしかできない。 Keyword ㉘

摩擦杭の使用は、4階建てまでなので、地盤が悪い場合には注意が必要だ。 Keyword ⑳

2階建て以下の住宅

参考までに、2階建て以下、かつ100m²以下の場合の制限と緩和規定も表1にまとめてみた。

都心の住宅という条件で考えれば、防火地域では、2階建ては準耐火建築物で建築可能であることを念頭に置いておくとよい。一般の建て主は、防火地域であればすべて耐火建築物が求められると思い込んでいることが多いからだ。 Keyword ⑨

階数に入らない階とは

屋上に設ける階段室等、地階に設けられる倉庫・機械室等で、その部分の水平投影面積が、建築面積の1/8以下のものは、階数に算定されない。

また小屋裏や天井等に設ける物置等で、天井の高さが1.4m以下であり、かつその床面積の合計が、その存する部分の床面積の1/2未満の場合には、階に算入されない（図2）。

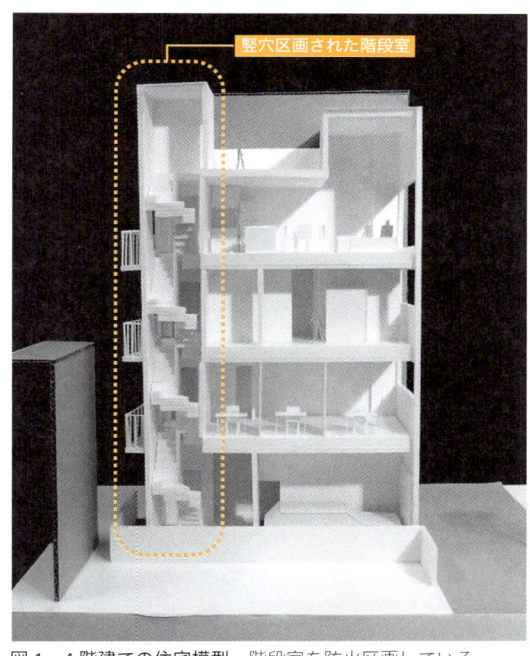

図1　4階建ての住宅模型　階段室を防火区画している

図2　耐火時間と階数の考え方

＊1：狭小地3・4・5階建ての専用住宅は、広さを感じさせるような設計上の工夫が必要であり、その工夫の一つが、上下階を一体化するような吹き抜けや、階段のデザインである。
＊2：このような構造基準は自治体が独自に定めているものがある。
＊3：2001年に発生した新宿歌舞伎町の雑居ビルの火災は、44人の死者を出した。この事件は不特定な人が入るビルの避難階段の大切さを物語っている。

Keyword ⓴

■ 法規のチェック

防火地域の木造2階建て

　一般的に、防火地域内での住宅建築は、耐火建築物の制限が掛かり、建て主の負担になることが多い。耐火建築物の仕様は、どの構造の工法を選択しても、費用がかかるからだ。そこで建築基準法第61条に注目すると、2階建てで、かつ100㎡以下であれば、準耐火構造でも、建築可能であるという規定があり、これを適用すれば防火地域内において、木造住宅が可能であり、計画の選択肢は広がる（ただし地階を含む階数）。

準耐火建築物と耐火建築物の違い

　準耐火建築物と耐火建築物は、求められる耐火構造の仕様の差が大きい。

　準耐火建築物の有利な点は、一般的な木造在来工法でつくることが可能な点だ。準耐火構造は、大臣認定や告示により、使用可能な工法のバリエーションは豊富である。

　また、木造であれば自重が小さいので、一般的に基礎工事や地盤改良工事に費用がかからない。

　しかし防火地域では、階数が3以上になると、耐火建築物が求められ、一般的には鉄骨造かRC造となるので、躯体や基礎工事も費用がかかる。

Keyword ⓻　Keyword ⓼　Keyword ⓴

容積率一杯に建てる必要があるか

　防火地域に指定されている地域は、容積率が高く、2階建てのような低層の建築では、土地活用として考えると、勿体ないと思われがちだが、建て主にとって、自分の住まいだけで良いと考えれば、2階建てでも十分成立する。

　経験的には、古くからの住人が建て替える際に、このようなケースに該当することが多い。それらの建て主は、設計当初は3階建て以上の階数を希望する場合が多いが、話をよく聞いていると、2階建て＋小屋裏スペースで十分に生活空間は確保できることが多い。

木造準耐火建築物のメリット

　木造準耐火建築物のメリットは、小さな町場の工務店でも建築ができるという点である。これまでの木造住宅の在来工法の枠を、大きく逸脱しないで施工することができることは、大きなメリットだ[*1]。

　鉄骨造やRC造による施工は、一般的には町場の工務店では対応が難しいが、木造であれば、多くの工務店で対応が可能であるからだ[*2]。

　また防火地域内における、木造3階建ての計画の場合には、木造耐火構造という選択肢がある。

　これは大臣認定による木造1時間耐火構造であるが、この住宅の施工には、これまでの木造住宅の工法をベースにして、定められた仕様に則って施工すれば、町場の工務店でも対応が可能な点は大きなメリットだ。ただし、コストに関しては鉄骨造に近くなるので、費用対効果の検討が必要だ。

Keyword ㉑　設計事例 ⓾

case　AS-HOUSE

　筆者が設計した東京都台東区の防火地域に建つAS-HOUSEの場合は、建て主は当初3階建てを望んでいたが、話を聞いていると、2階建てで十分希望のスペースが確保できると感じた（図1〜図3）。

　戦後からこの地域に、長く住んでいた建て主にとって、周囲は高いビルに囲まれているので、3階建て以上を建てることが当たり前のように感じていたらしい。この住宅計画は、2階建ての木造準耐火構造に加えて、プラスアルファの空間として小屋裏空間を設けた。また、周囲に高い建物が多く、日当たりが悪い環境なので、ホームエレベーターを使って塔屋に出られるように工夫し、屋上に物干し場をつくった。

Keyword ㉙

図1 外観　祭りのときに道路に開放された様子

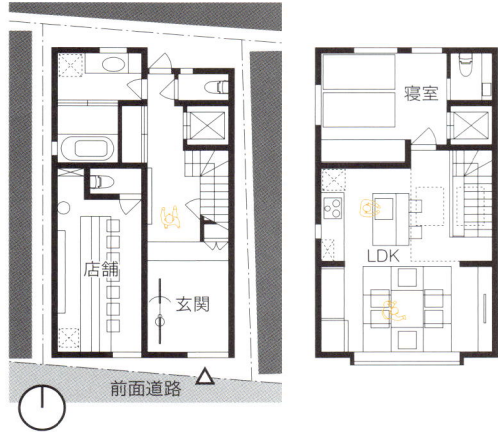

図2 平面図　1階は店舗があり、住宅は広い土間空間
（設計：建築計画網・大系舎　施工：㈱実方工務店）

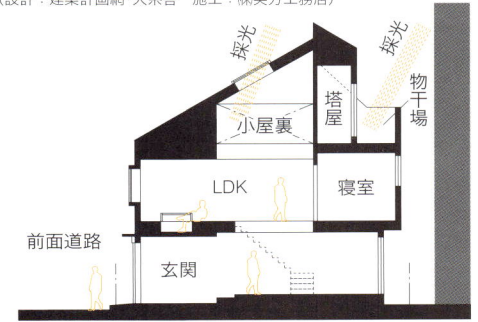

図3 断面図　屋根から採光し、屋上に物干し場スペース

---

column1　下町に住み続けること

　東京都の下町地区で住宅を設計する機会が多いが、新たに土地を購入して住宅を建てるということは、コストが掛かるので、なかなか難しい。

　そのためこの地区では、昔から住んでいる住人の建て替え工事が多い。居住形態としては、店舗併用住宅のほか、専用住宅として住んでいる場合がある。この地域は、交通や買い物の利便性が良く、公共施設等が充実しているので住みやすい。そのため家族で長く住みつないでいくことを希望する建て主は多いのだが、都市計画的に、防火の規制が厳しく工事費が高くつきやすい。

　大手ハウスメーカーなどの誘いに乗って、経営のリスクを冒してまで、賃貸併用住宅などの計画を進めるケースもあるようだ。しかし無理をせず、準耐火構造の木造2階建てで計画しても、建て主の希望は十分に叶えられると感じている。今後は人口が減るに従い空き家が増えて、賃貸住宅の経営環境は難しくなるはずだ。以前のように容積率いっぱいに建築するのではなく、建て主の必要に応じた等身大の計画を最優先に考える時代になってきたと思う。

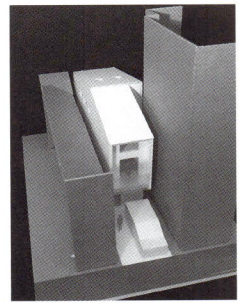

HJ-HOUSE（防火地域木造2階建て）　下町に住み続けるための住宅計画

＊1：昔から木造を主体に工事を請け負ってきた工務店が活躍していたフィールドは、町場と呼ばれ、家族的な職人組織で仕事が請け負われる社会だ。しかし、近年防火の規制が厳しい地区にある町場の工務店が、木造建築の減少に伴って減ってきている。
＊2：町場に対して、野帳場というフィールドがある。これは、いわゆるゼネコンと呼ばれる建設会社のフィールドで、横のつながりが薄い、一期一会の組織形態が基本だ。

Keyword ❿

■ 法規のチェック

前面道路と狭小地住宅の関係

　計画地の前面道路の条件は、建築計画の規制や条件に大きく影響する。一般的には、道路幅員が狭い道路では、道路斜線などの高さ制限が厳しく、広い道路では、騒音や振動などの環境面の影響が大きい。また前面道路の幅や形状が、工事条件を左右することもある。

　ここでは、前面道路の各種の条件が、建築計画と、どのように関わるか、主要な項目をまとめてみた（表1、図1）。

前面道路と建築基準法

【道路種別】

　建築基準法上、道路として扱われるものは種別によって区別されている。これらは建築基準法第42条に定められたもので、一般的には第42条1項1号から第42条2項の道路である。近年では、道路の種別は、ウェブ上で確認できる自治体が増えてきたので便利である（表2）。

【敷地が道路に接する条件】

　敷地は道路と2m以上接しなければならない。また敷地と道路の間に水路が流れている場合には注意が必要だ*1。 Keyword ❸

【道路の幅員】

　建築計画上、大きな影響があるのは、道路の幅員である。建築基準法上で扱われる道路の幅員は、認定道路が基準であり、各自治体で管理されている。ただし、認定道路の幅と現地で実測した幅とは多少異なる場合も多く、そのときは現況寸法が優先されることが多い。詳しくは各自治体に確認すること。 Keyword ❹

【容積率算定】

　道路の幅は、容積率算定のために使われる。商業系の用途地域では、都市計画上の容積率と、道路幅×0.6（0.4 or 0.8）の小さい方の数字が、容

図1　幅員が狭い道路と広い道路では条件が異なる

表1　前面道路の条件と設計の関連項目（狭小地3・4・5階建て住宅を想定）

建築基準法関連	東京都建築安全条例関連（各自治体で確認）	都市計画	環境面	工事条件	設備条件
・道路種別（法42-43条） ・接道条件（法43条） ・容積率算定、特定道路（法52条） ・道路斜線、天空率（法56条ほか） ・2項道路（法42条-2） ・日影規制（道路幅、真北方向）（法56条-2） ・高度地区（道路幅、真北方向）（法58条） ・2以上の道路（建令132ほか） ・非常用進入口（建令126-6ほか）	・道路のすみ切り条件 ・敷地の接道条件（共同住宅） ・窓先空地（共同住宅）	・計画道路・公園	・交通振動 ・騒音 ・煤煙等	・道路幅、形状 ・電線、電柱	・給水設備 ・排水設備 ・ガス設備

積率算定のために使われる（法第52条）。

また、特定道路（幅15m以上の道路）からの距離も、容積率の算定に影響を及ぼすことがある。これは幅が広い道路に接する敷地と、それに隣接する狭い幅員の道路に接する敷地の容積率が極端に変わることを防ぐための規定である（法第56条2項）。

【道路斜線制限】

道路斜線は、狭小地住宅の計画には特に大きく影響する。商業系の地域では道路の幅×1.5（住居系では道路幅×1.25）となるが、道路斜線制限の性能化により、いわゆる天空率を使うことで条件が緩和される（法第56条ほか）。 Keyword ⑪

【2項道路】

4mの幅が確保されていない道路のことで、セットバックの必要がある（法第42条2項）。

【日影規制や高度地区】

日影規制や高度地区についても、道路形状が影響するので注意が必要である。 Keyword ⑫

【非常用進入口】

3階以上の各階の道路に面する外壁面に非常用進入口または代替進入口を設置する。

前面道路と条例による規定

【道路の隅切り】

東京都では、東京都建築安全条例（以下、安全条例）において、それぞれが6m未満の狭い道路が交差する場所には、2mの底辺の隅切りをするように義務づけられている。なお隅切りした部分は、敷地面積に算入できる（安全条例第2条）。

【敷地の接道条件】

東京都では、敷地の路地状部分の長さと幅の規定のほか、路地状部分の幅と建物可能な階数の規定がある（安全条例第3条）。

【窓先空地】

東京都では、共同住宅等の場合は、各住戸に道路、または窓先空地に接する窓を設けなければならない（安全条例第19条）。

【狭あい道路の協議】

4m未満の狭あい道路に関しては、各自治体と、拡幅部分の整備方法について協議する必要がある。規定は各自治体の条例による。

都市計画道路・公園内の制限の緩和

長期間事業が未着手である都市計画道路や計画公園・緑地において、以前は2階建てまでしか建築できなかった敷地が、3階建てまで建築可能になってきた。長期未着手路線に対する地権者への負担軽減や、耐火性の高い3階建ての建築物への更新が進むことで、都市の防災性を向上させることが目的である。詳しい内容は、各自治体に問い合わせること。

道路の振動や騒音に注意する

前面道路が、車の通行が多い幹線道路の場合は、騒音や振動対策を検討する必要がある。特に計画地の地盤が悪い場合には、振動が伝わりやすいので注意する。 Keyword ㊼

工事上影響が大きい道路条件

現地の道路条件が悪ければ、建築工事に影響を与えることも多い。特に道路の幅が狭い場合や、電線の位置によっては、建築工法を限定してしまうこともある。 Keyword ㊸

表2　道路種別

	建築基準法の条文	内容
①	第42条1項1号	道路法による道路（国道、都道、区道など）
②	第42条1項2号	都市計画法や土地区画整理法等の法律によりつくられた道路
③	第42条1項3号	既存道路（建築基準法の施行時〈S25/11/23〉から存在する道路）
④	第42条1項4号	計画道路（都市計画法等で2年以内に事業が行われるものなど）
⑤	第42条1項5号	位置指定道路（一定の基準でつくられた道で、特定行政庁が指定したもの）
⑥	第42条2項	みなし道路（幅4m未満で一定条件のもと、特定行政庁が指定したもの）

＊1：筆者が敷地と道路の関係で、体験したエピソードを紹介する。道路と敷地の境には、見た目にも、実体としてもまったく水路の形状を成していない敷地なのに、確認申請上、区役所からここは水路であると指摘され、申請が滞ったことがあった。原因は、区役所が水路を埋めて道路にしたものを、きちんと登録していなかったためとわかった。こういったことを避けるためには、事前の役所調査が欠かせない。

Keyword ⓫

■ 法規のチェック

道路斜線を緩和する天空率

斜線制限の性能化規定が運用され、計画建物の天空率を活用した計画が増えてきた。ここでは、天空率を使って設計した事例を紹介する[*1]。

道路斜線に天空率を活用

狭小地住宅の設計においては、前面道路の幅は、建築のボリューム計画に影響する。特に道路斜線の制限による影響は大きい。建築基準法52条による道路斜線制限は、一律に道路幅×1.5（住居系では1.25）が適用されるので、上部の壁面が、道路に対して斜めになっていることが多い。

これはもともと、道路上の明るさを確保することで、道路環境の保全のためにつくられた規定であるが、平成14年の改正で、斜線制限の性能規定化が認められて、天空率の考え方による緩和規定が適用されるようになった。

従来では、道路幅×（1.5または1.25）で、一律に建築物の高さが抑えられていたものを、定められた測定点上で、従来の道路斜線制限でできた建築物（適合建物）と比較して、その測定点の天空率が確保できればよいとする緩和規定だ。この規定は、これまでの斜線制限よりも、部分的に高くつくることが可能だ（図1）。 Keyword ❿

現地調査である程度想定する

実際に机上で天空率を算定する前に、現地調査は欠かせない。まずは現地にて、道路の幅や形態、高低差などを計測する。また近隣建物の形態を見れば、これまでの道路斜線制限による形態制限についての概要を把握できることが多い。また計画建物が、セットバック等で対応可能であるのかなどを考慮し、総合的に天空率の適用が有利であるかを判断する。 Keyword ❹

JW-CAD を使った検討

天空率の基準は、全天空に占める建築物の割合で判定される[*2]。しかしその判定の基準になる天空図の作成は、手作業による作図では難しく、実際にはパソコンのソフトの力を借りた計算と作図が必要である。

一般的には、WINDOWSのフリーソフトであるJW-CADを使って、作業を進めることができる[*3]。

天空率を検証する際には、以下の4点について決められたすべての点でクリアーすればよい。
①天空率とは、天空に占める建物を差し引いた空の比率であり、この比率が大きいほど、測定点の環境が良好だという判定基準である。
②計画建物の道路の反対側の定められた測定点から、これまでと同様な道路斜線制限でつくられた形状の建物（制限適合建物）があると仮定して、天空率を算定する。
③②と同様な測定点から、計画建物が存在する場合の天空率を算定し、比較検討する。
④計画建物の天空率が、制限適合建物の天空率より上回っていれば、よいと判定される（図2）。

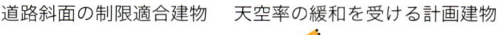

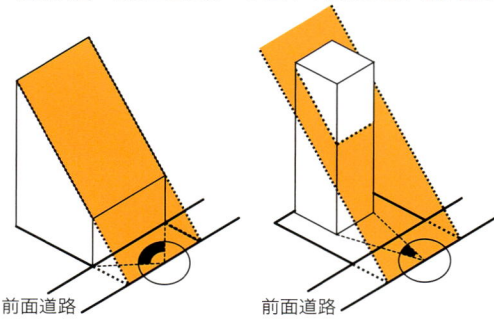

図1　天空率のイメージ

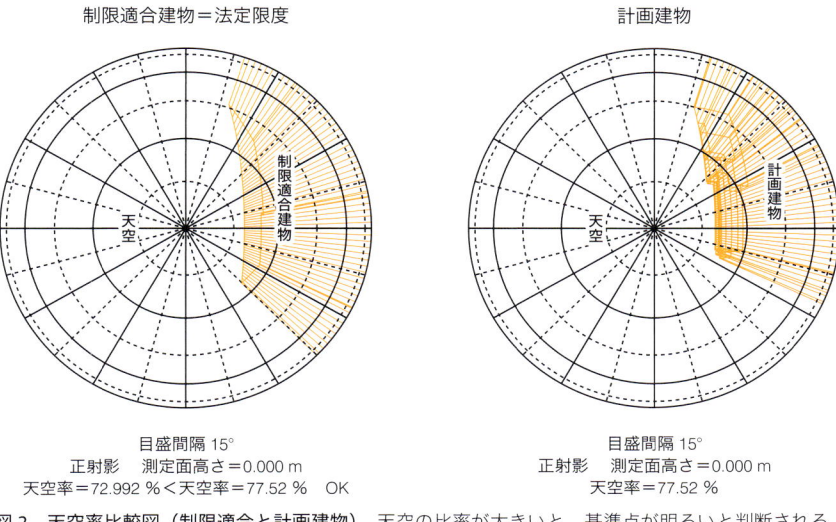

目盛間隔 15°
正射影　測定面高さ＝0.000 m
天空率＝72.992 % ＜天空率＝77.52 %　OK

目盛間隔 15°
正射影　測定面高さ＝0.000 m
天空率＝77.52 %

図2　天空率比較図（制限適合と計画建物）　天空の比率が大きいと、基準点が明るいと判断される

case　MR-HOUSE

　東京都江東区の5階建て賃貸併用住宅を事例に、天空率の活用方法を紹介する。

　この計画では、道路斜線をそのまま適用すると、5階の居室の多くの部分が斜めにカットされてしまう。そのため5階の室内空間を少しでも広くかつ高く使うために、天空率を適用した。その結果、壁際で約2mの高さを確保できたので、5階は室内空間として十分な計画となった（図3、図4）。

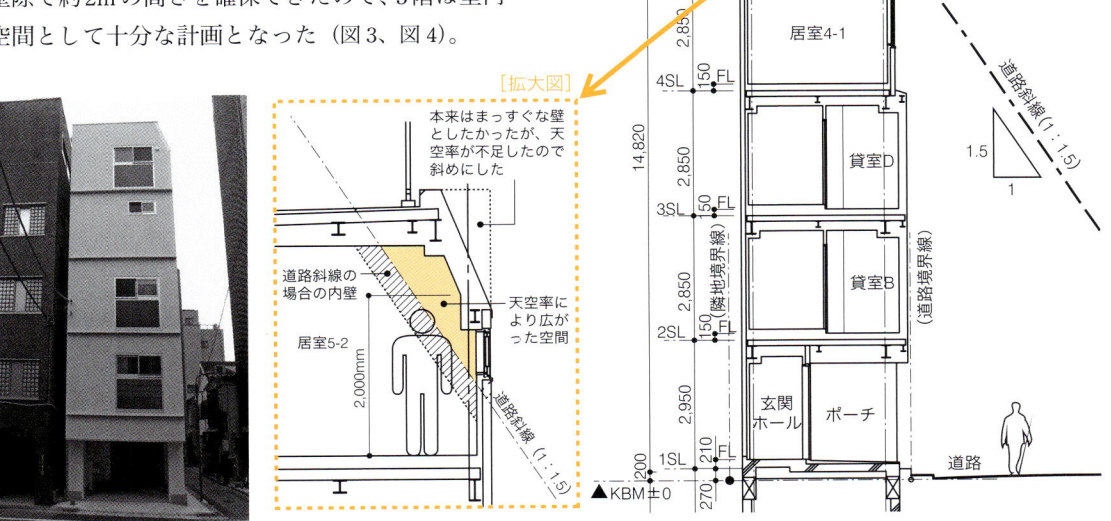

図3　MR-HOUSE

図4　道路斜線制限と天空率使用の差（オレンジ部分は天空率を使って稼いだ空間）

＊1：古い街区で、計画建物に天空率を適用すると、この建物が突出した形態になることがあるので、必要に応じて近隣に対して説明を行うことが望ましい。
＊2：測定ポイントから、魚眼レンズで全天空を撮影することをイメージするとわかりやすい。
＊3：JW-CAD のホームページ http://www.jwcad.net/　天空率の算定のためのデータは、日影図の算定のデータと共有するので便利だ。詳しい使い方は、参考図書などを参照。

Keyword ⑫　　　　　　　　　　　　　　　　　■ 法規のチェック

形態を制限する日影規制と高度地区

狭小地住宅の設計において、建築物のボリュームを決める規制として、前述の道路斜線制限のほかに、日影規制や高度地区がある。

これらの規制は建築基準法で定められているので、大枠は共通であるが、実際に運用されている日影規制の内容や、高度地区における規制値や適用範囲は、自治体ごとに定められており、正確な情報を自治体から入手する必要がある。

真北測量

日影規制や高度地区に関しては、敷地に対しての真北の方向の情報が必要になるので、真北測量を行う必要がある。「真北」と、磁気コンパスで計測する「磁北」は、角度が数度（緯度により異なる）ずれているので、設計のためには早い段階で、正確な真北情報が必要になる[*1]。

真北方向の角度のずれは、日影規制や、高度地区の斜線制限により、計画建物のボリューム決定に大きな影響を与えるので、必ず正確な情報をもとに計画することが大切だ。

一般的には、測量事務所などに依頼して、正確な真北方向を測定して敷地測量図上に落とし込んでもらうのがよいだろう[*2]。　Keyword ④

日影規制

日影規制は、商業地域を除く用途地域に建つ建築物の高さが10mを超える場合に適用される（第1種及び第2種低層住居専用地域は除く）。

敷地境界線からの水平距離が、5mと10mのライン上で日影時間を検討する。

ただし、自治体によっては近隣商業地域や準工業地域でも日影規制がない場合もあるので、各自治体の都市計画情報をきちんと把握するようにする。一般的には4階建て以上になると、日影規制の対象になるので、注意が必要だ。

高度地区

高度地区で定められている斜線制限を、一般的には高度斜線制限という。高度斜線制限は、各自治体の都市計画情報をきちんと調べて適用する。自治体が異なると、同じ名称の高度地区であっても、規制値が異なる場合があるので、注意が必要

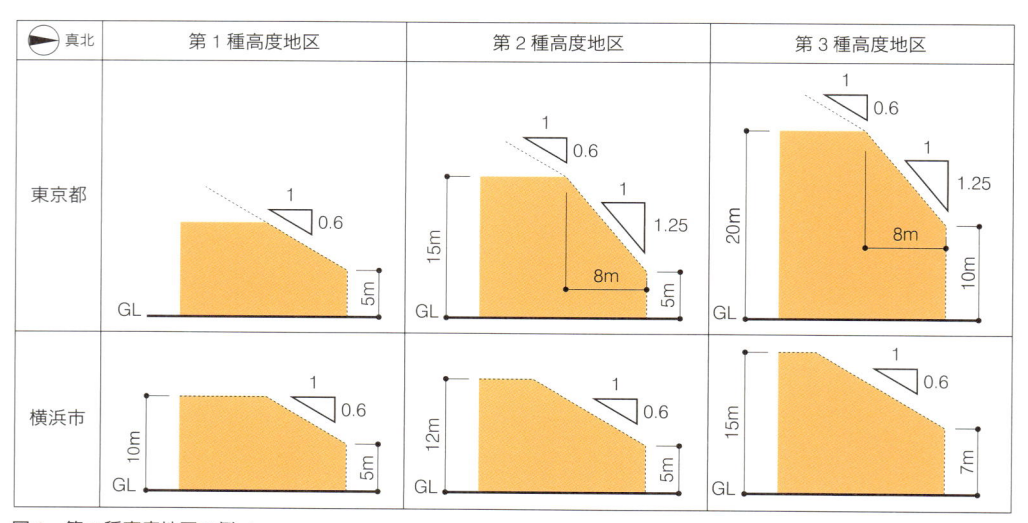

図1　第3種高度地区の例 (GLは平均地盤面の高さを示す)

だ。たとえば第3種の高度地区の規制値を例にとると、東京都と横浜市では規制値がまったく異なるので、注意が必要だ（図1）。

JW-CADの活用

図3では前述のJW-CADを使えば、入力しながら形態の変化と連動する日影図の変化を検討することができるので便利である。ちなみにJW-CADは、日影図で入力した情報は、前述の天空率とデータが共有できているので、非常に便利である。この事例でも、JW-CADを使い、天空率による道路斜線の緩和規定を活用している。 Keyword ⓫

case KM-HOUSE 設計事例06

KM-HOUSEは、日影規制と高度地区の制限が建築計画に大きな影響を与えた事例である。

JW-CADを使い、計画建物が日影規制と高度斜線をクリアしながら、最大限のボリュームを確保するように検討した。正面の壁が斜めになっていることも、日影規制を効率的にクリアするための形態操作である。

また、この計画では日影規制を検討したJW-CADのデーターを使い、道路斜線の緩和規定である天空率の検討も同時に行っている（図2、図3）。

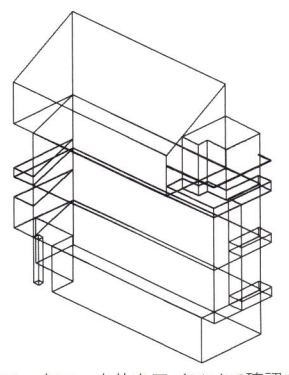

図2　完成写真（左）とアイソメ図（右）　JW-CADでは、日影図のデータで、立体をアイソメで確認できる

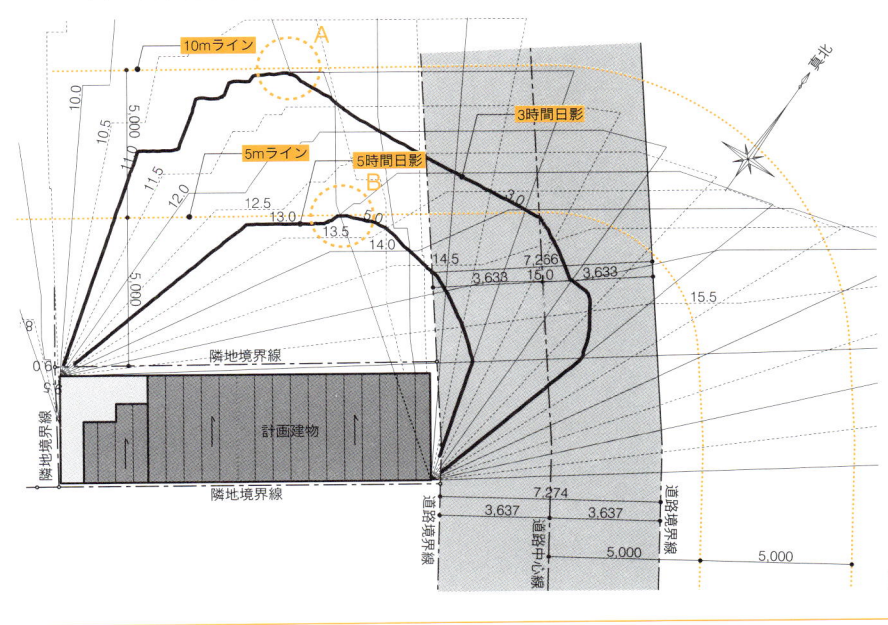

東京都目黒区
敷地面積　51.70m²
延床面積　154.98m²
鉄骨造4階建て
近隣商業地域
第3種高度地区

等時間日影図上で、10mと5mラインに近接した、AとBの付近に影響を与える建物の形態を修正しながら、規制の範囲に納める。

図3　等時間日影図

＊1：正確な真北情報がない場合には、ウェブ上の地図を、簡易データーとして利用する方法がある。ウェブ上の地図情報サービスは、真北を基準に作成されている。道路などを基準にして、敷地に適用し、真北を定める。ただしあくまでも仮のデータだ。
＊2：晴天時に測量器を伺い、太陽の方位角を測定し、真北方向を定める。費用は、7、8万円程度が一般的だ。

2章　設計のルールとポイント　39

Keyword ⓭　　　　　　　　　　　　　　　　　　■ 法規のチェック

隣地境界線と民法第234条の関係

　狭小地住宅が建築される地域は、隣家が敷地境界線に迫っていることが多い。しかし、敷地が狭い場合には室内空間をなるべく広く確保したいために、計画建物の外壁と敷地境界線の距離は、とても重要である（図1、図2）。

　これについては、設計の初期の段階に、建て主や隣地の所有者と話し合って決めるべきである。ここでは、民法と建築基準法を整理して、隣地境界線と建物の距離の考えかたをまとめてみた。

原則は境界線から50cm以上離す

　民法第234条1項には、敷地境界線と建物との距離が定められている。条文は以下の通りである。

> （境界線付近の建築の制限）
> 第234条　建物を築造するには、境界線から50cm以上の距離を保たなければならない。
> 2　前項の規定に違反して建築をしようとする者があるときは、隣地の所有者は、その建築を中止させ、又は変更させることができる。ただし、建築に着手したときから1年を経過し、又はその建物が完成した後は、損害賠償の請求のみをすることができる。

　上記の通り、一般的には建物は境界線から50cm以上離すことが原則である。これは日照や通風の確保、延焼の防止、避難通路の確保などの理由から定められている。一般的な郊外の住宅地であれば、この規定は必ず守られるべき基準だ。

　しかし狭小地住宅が建築されるような密集住宅地や商店街のような場所では、この距離はどのように考えるべきか。

　これらの地域では、住宅や店舗やビルが軒を連ねてびっしりと連続して建っていることが多いが、これらがすべて民法第234条に違反するわけではなく、いくつかの特例が認められている。

　そもそも、建築基準法が、建ぺい率を100％まで認めることと、民法は50cm離せということは法の矛盾であり、わかりにくい[*1]。

50cm離さないでよい場合

1　隣地間でお互いの承諾があった場合

　民法は、原則相隣関係を調整するための法律なので、お隣同士が決めれば、それが優先されることになる。一般的には狭小地住宅が多く建つ、下町地区には、お互い様という考え方が強く根付いていることが多いので、ほとんどの場合は、この方法で解決する。

図1　軒を連ねる商店街　店と店の隙間はほとんどない

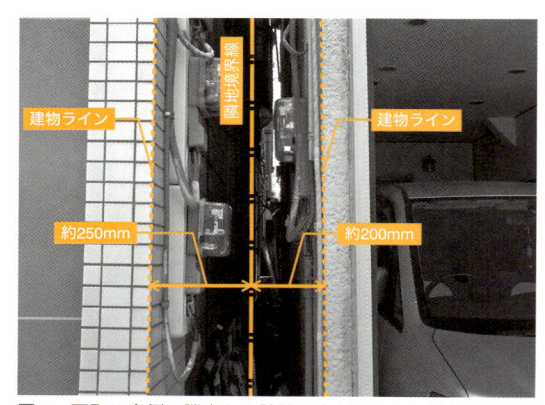

図2　下町の実例　隣家との隙間に人が入れないほど狭い

2　外壁を耐火建築構造にした場合

外壁が耐火構造であれば、隣地から距離を取らなくてもよいという判断が、最高裁判所から下された。そのときの、主文の一部を引用する。

> 建築基準法65条は、防火地域又は準防火地域にある外壁が耐火構造の建築物について、その外壁を隣地境界線に接して設けることができる旨規定しているが、これは、同条所定の建築物に限り、その建築については民法234条1項の規定の適用が排除される旨を定めたものと解するのが相当である。（昭和58（オ）1413. 事件名。建物収去等請求事件。裁判年月日。平成元年9月19日）

これは、防火地域における土地の有効活用という見地からであり、また外壁が耐火構造であれば、災害時に隣家への火災の延焼の影響も少ないと考えるからである。これに従えば、具体的には耐火建築物か、外壁が耐火構造であるロ準耐-1の仕様の建物の場合は、境界線まで50cm離さないで建てることができる。 Keyword 07

3　慣習がある場合

民法の236条には、その地域に慣習がある場合は、50cm離さなくてもよいという規定がある。

> **（境界線付近の建築に関する慣習）**
> **第236条**　前二条の規定と異なる慣習があるときは、その慣習に従う。

これは、古くからの商店街や繁華街などで、軒を連ねていることが慣習である地域をイメージした規定であり、これも前述の“お互いの承諾”と関連して、その地区の人々にとっては、自然なこととして存在する＊2。

一方、郊外の新興住宅などにおいては、このような慣習はないので、50cm離すか、お互いに承諾を得るか、きちんと書面にて取り決めてから設計を進めるべきである。

必ず建て主に説明すること

建物と隣地境界線との距離に関しては、建築工法や構造計画に影響するので、早い段階に決定しておきたい。

その意味で、必ず民法や建築基準法などの法律的な意味について、建て主に丁寧に説明を行う必要がある。

また、外壁工法や構造によっては工事中の外部足場の設置を、隣家から借地して行うことも考えられる。そういった意味で、こちら側の工事内容を、早い段階で隣家に対して説明すべきだ。一般的には、完成後のメンテナンスを含めて、お互い様のこととして承諾を得ることが望ましいと考える。また、将来のことを考えると、覚え書きとして、書面に残すことも有効だ（図3）。

境界部分の利用についての覚え書き（例）

〈甲〉と〈乙〉は、双方が所有する土地の境界部分の空き地利用について、双方迷惑を掛けないことを条件に、次の項目について合意し、お互いに利用できる。

1）お互いが所有する土地に建築・改築・解体の工事を行う場合、相手側の建物に損傷を与えないことを条件として、相手の了解のもと、土地境界線を越えて工事用の足場の設置や工事の作業ができる。

2）お互いが所有する土地の境界線にはお互いが利用しやすいように縁石を設置できる。

本覚え書きに該当する土地

住所：

住所：

本書簡を二通作成し、記名捺印の上、双方が管理する。

平成　　年　　月　　日

〈甲〉

住所

氏名

〈乙〉

住所

氏名

図3　覚え書きの例　両者で合意できる内容で作成する

＊1：商業地域でかつ防火地域内の耐火建築物の場合には、建ぺい率は100％まで認められる。

＊2：筆者のこれまでの経験で、下町の商業地域や近隣商業地域では、建築に際して、隣地を足場の用地として借用を依頼して断られたことはない。この地域には、お互いさまの精神があるので、隣地を借地してスムースに工事を進めることができる。

Keyword ⓮　　　　　　　　　　　　　　　　　　　■法規のチェック

2世帯住宅の形態と建築用途

　住宅の形態の呼び方は、一戸建て住宅、専用住宅、店舗併用住宅、2世帯住宅など多様にある。ここでは法律的な見地から、2世帯住宅を中心に住宅のさまざまな形態が、建築基準法上の、どのような用途に該当するか整理してみる。用途の相違によって、建築基準法上の扱いが異なるからである。ただし扱い方は自治体によって異なる場合もあるので、ここでは横浜市の扱い方を参考に整理してみた[*1]（図1）。

多世帯同居型住宅の建築用途の扱い

　「多世帯同居型住宅」とは、一般的には2世帯住宅のことを指す。しかし特殊な例では、3世帯住宅や、オーナー住宅が賃貸住宅を併用する場合にも適用される。

　また2015年の相続税法改正に伴い、2世帯住宅の扱いが緩和され、共用部分を持たない分離型の形態の住宅でも、税法上では2世帯住宅して扱われるようになったからである[*2]（図2）。

　この場合、建築用途として「一戸建ての住宅」として扱われるのは、玄関が一つの場合か（①従来型、②玄関共用型）、玄関が別々でも内部でつながっている場合（③内部共用型）である。

　次に共用部はなく、玄関が別々で内部もつながっていない場合は、建築用途としては「長屋」の扱いになる[*3]。

　共用部があるが、玄関が別々で内部もつながっていない場合の建築用途は、「共同住宅」の扱いになる。 Keyword ㉛

共同住宅の建築制限の概要

　相続税法上、2世帯住宅として認められる形態であっても、建築基準法上の用途は、共同住宅として扱われる可能性がある場合は注意が必要だ。

　建築基準法第27条の規定により、3階建て以上の階に共同住宅を設ける場合には、耐火建築物が要求される。

　また共同住宅は特殊建築物であり、一戸建て住宅に比べ、建築基準法や安全条例で、窓先空地[*4]や避難関係の厳しい法律の適用がある（図3）。

併用住宅の用途の扱い

　住宅だけでなく、店舗や事務所、賃貸住宅などの多用途の住宅が、建築基準法上どのような用途の扱いになるか整理してみた。

　店舗や事務所を自宅と併用している場合、いわゆる兼用住宅と呼ばれるものがある。非住宅部分が延べ床面積の1/2を超えないことや、50m²以下であることなどが条件である。

　また一部に建築基準法第27条に該当する異種用途がある場合は、いわゆる異種用途区画が必要になる。たとえば、共同住宅（自宅も含む）に、店舗、駐車場、倉庫などの非住宅部分が併用されている場合などを指す。

　自宅と賃貸住宅を併用する場合の用途は、自宅を含む共同住宅か、長屋として扱われる。共同住宅の場合は、前述のように建築基準法や東京都建築安全条例等の規制がかかるので注意が必要だ。

図2　相続税法上、どちらも2世帯住宅と認められる

共有型：共用玄関で、二世帯のスペースが区分されていない。

分離型：個別の玄関で、二世帯のスペースが区分されている。

判断基準

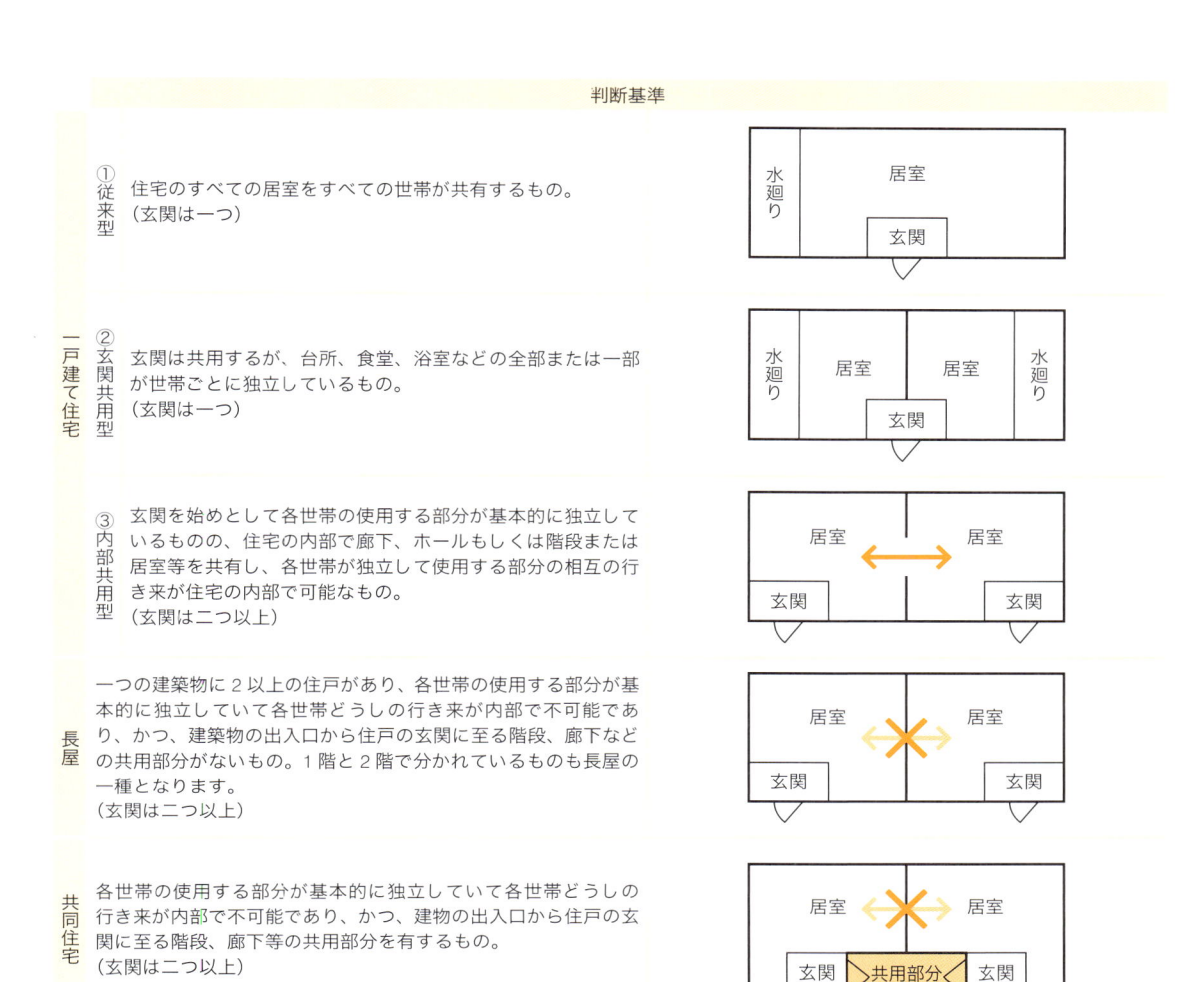

一戸建て住宅	① 従来型	住宅のすべての居室をすべての世帯が共有するもの。 （玄関は一つ）
	② 玄関共用型	玄関は共用するが、台所、食堂、浴室などの全部または一部が世帯ごとに独立しているもの。 （玄関は一つ）
	③ 内部共用型	玄関を始めとして各世帯の使用する部分が基本的に独立しているものの、住宅の内部で廊下、ホールもしくは階段または居室等を共有し、各世帯が独立して使用する部分の相互の行き来が住宅の内部で可能なもの。 （玄関は二つ以上）
長屋		一つの建築物に2以上の住戸があり、各世帯の使用する部分が基本的に独立していて各世帯どうしの行き来が内部で不可能であり、かつ、建築物の出入口から住戸の玄関に至る階段、廊下などの共用部分がないもの。1階と2階で分かれているものも長屋の一種となります。 （玄関は二つ以上）
共同住宅		各世帯の使用する部分が基本的に独立していて各世帯どうしの行き来が内部で不可能であり、かつ、建物の出入口から住戸の玄関に至る階段、廊下等の共用部分を有するもの。 （玄関は二つ以上）

図1　多世帯同居住宅の建築用途について（横浜市）（横浜市の資料の図を筆者が追記）

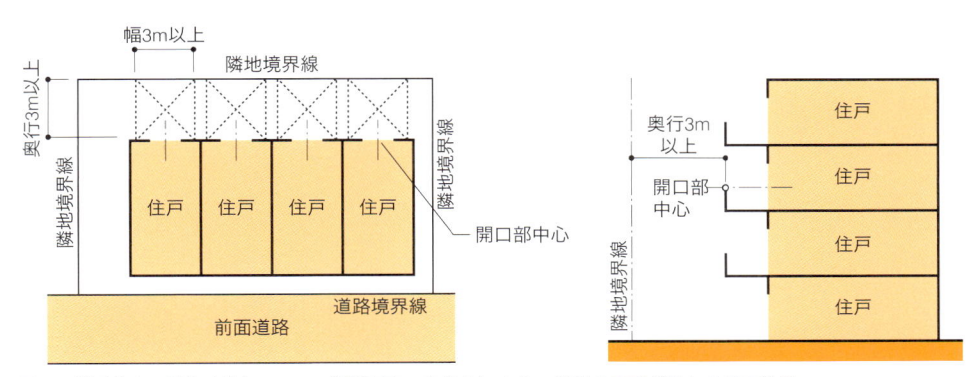

図3　共同住宅の窓先空地について（横浜市）　自治体により、規制の内容が異なるので注意

＊1：横浜市「建築物の制限」より。［横浜市 多世帯同居住宅］で検索
＊2：この形態の場合、親世帯の住まいは将来賃貸住宅とすることが可能だ。
＊3：上下階で共用部を持たない形式の長屋を、一般的には重層長屋と呼ぶ。共用部を持たないので、建築基準法としては共同住宅ではなく、専用住宅として扱われる。そのため法的な規制が共同住宅に比べて厳しくない。
＊4：共同住宅において火災時に避難を容易にするために、住戸の窓に面して設けられた空地のこと。

2章　設計のルールとポイント　43

Keyword ⑮

■法規のチェック

その他関連法規について

　狭小地住宅の設計において、建築基準法以外の関連する法律の規制についてまとめてみた。

　自治体が独自に定める条例や、指導要綱や運用基準があるので注意が必要だ。また自治体の法解釈は、判断が異なる項目も多く、設計者として困ることが多いので、役所調査は欠かせない。

建築基準法以外の各種法規制

　東京の場合は東京都建築安全条例に加えて、自治体単位で条例が定められている。また大阪府も同様に大阪府建築基準法施行条例に加えて、自治体単位で建築基準施行条例が定められている。ここでは、参考事例をもとに、各種申請の流れ図を作成した（図1）。

1　消防法

　消防法は、建築の火災に対する安全性を高めるための法律であり、各自治体の消防署にてチェックが行われる。消防法の防火対象物に該当する場合には、消防署による厳しい審査が必要だ。

2　中高層建築物等の建築に係る紛争の予防と調整に関する条例

　中高層建築物の建築に伴う紛争の解決を図るため、「中高層建築物の建築に係る紛争の予防と調整に関する条例」が、各自治体で制定されている。

　この条例に基づき、中高層建築物建築計画に関し、標識の設置や近隣関係住民に対する説明会の開催等が義務づけられている。

　一般的には建築の高さが、10mを超える建築、つまり4階建て以上の場合が該当する。

　条例なので各自治体ごとに定められたものだが、どの自治体もほぼ同じような内容になっている。しかし実際の運用規定は、各自治体により、温度差がある。特に住居系の用途地域が多い自治体は、住民への説明義務が厳しいように感じられる。

3　省エネ法

　省エネ法第75条及び第75条の2の規定に基づき、第一種特定建築物（床面積の合計が2,000m²以上）の新築、増改築等の際や、第二種特定建築物（床面積の合計が300m²以上2,000m²未満）の新築、増改築工事の際には、省エネルギーの措置の届出が必要である。また、届出を行った建築物については、定期的に維持保全の状況の報告も必要だ[*1]。

4　景観条例

　区市町ごとに定められた景観計画に関する届け出である。主に色彩や形態についての基準である。対象となる建築の高さや規模に関しては自治体ごとに規定が異なるので、各自で参照してほしい。

　この条例及び景観計画に基づき、一定規模以上の建築物を建築する場合や工作物を設置する場合などには、建築確認等の手続きに先立ち、景観についての計画を事前に届け出る必要がある場合には注意が必要だ。

5　狭隘道路の申請

　4mに満たない、いわゆる2項道路に面している場合には、確認申請前に自治体と協議が必要になる。申請の様式や運用形態は自治体ごとに異なる。

6　住宅瑕疵担保責任保険に入るための仕様規定

　住宅の品質確保の促進等に関する法律（品確法）に基づき、主要構造部や雨水の浸入は10年間の瑕疵担保責任を負うことになったが、この責任を全うするために住宅瑕疵担保履行法により工事会社の保険加入が定められ、申請が必要になった。

　運用基準は、瑕疵担保責任保険を扱う保険会社の基準を参考にすること。

図1　各種申請の流れ図（東京都、民間審査機関利用　賃貸併用住宅、5階建て、床面積350m² 程度の場合）

column2　行政機関によって異なる法の運用基準

　行政機関ごとに、法の運用基準が異なることは、設計者や建て主を、非常に困惑させる。

　よく問題になるのが、小屋裏へ至る階段を、固定式にして良い場合と、非固定式にしなければならない場合という、行政機関の見解の相違だ。

　東京都の行政機関では、ほぼ半数で固定式階段でもよいようだ。しかし半数近くは、固定式は認めず、可動式の梯子形式しか認めていない。

　現実的に考えて、小屋裏へ荷物を運ぶのに、非固定式の梯子では、非常に危険でかつ大変だ。そのため住み手の安全優先で固定式の階段で良いと定めて運用している行政機関は、妥当だと思う。

　一方、固定式はだめという行政機関は、建て主に対して性悪説の立場を取る。つまりこの規定は、裏を返せば、建て主は小屋裏を、物置から、居室空間に改造するに違いないと疑っているのだ。

　しかしこの2つの解釈の差は大きい。たとえば老後の住まいを計画する場合には、可動式の梯子ではあまりに危険であり、ほぼ小屋裏を使えないことを意味する。この解釈を適用する行政機関の地域で建築する場合に、建て主が高齢者であれば大きな不利益を被ることになる。

可動梯子で上がる危険なロフト

＊1：省エネ法の改正前は、2,000m² 以上の大規模な住宅や建築物のみが、届出をする必要があった。しかし改正省エネ法では、大規模建築物だけでなく、300m² 以上の中小規模の住宅・建築物もその対象となっている。300m² 以上で2,000m² 未満の建物は、第2種特定建築物とし、新築の際に、省エネ措置を所管行政庁に届出し、省エネ措置が著しく不十分な場合には勧告を受ける。少し大きな賃貸併用住宅などは対象となるので注意。

Keyword ❶⓺　　　　　　　　　　　　　　　　　　　　　　　■構造や工法の検討

狭小地住宅の構造計画

　狭小地住宅における構造計画は、一般的な住宅の構造計画に比べて、さまざまな要因が複合するため制約が多い。ここでは、狭小地住宅の構造形式を決めるためのポイントについてまとめてみる（図1）。

法的な制約から

　防火地域や準防火地域においては、建物の規模や階数、または用途によって耐火建築物または準耐火建築物が求められる。耐火建築物としての構造形式は、前述のように一般的には鉄骨造かRC造であるが、近年では木造でも可能になってきた。
　また準耐火建築物は、木造が主体であるが、鉄骨造やRC造でも可能である。

Keyword ⓶⓺　Keyword ⓶⓻

地盤の制約から

　建物を支える地盤の状況によって、構造形式が選択されることもある。たとえば東京の下町地区のように、地耐力が小さい場合には、多角的な検討が必要だ。この地域では、支持層が地盤面下20～30mと非常に深い。従って、表層地盤で支持するか、または深い支持層で支持するかによって、上部の構造形式の決定にまで影響する。
　表層地盤において、直接基礎、または地盤改良にて支持する場合は、軽い構造形式、つまり鉄骨造や木造とする場合が多い。またRC造は自重が大きいので、地盤が軟らかい場所では、表層で支持することは難しく、支持杭になることが多い。敷地での地質調査を通し、詳細な技術的検討を行ってから、基礎や杭工法を決定する必要がある。

Keyword ⓱　Keyword ⓲　Keyword ⓳　Keyword ⓴

工事上の制約から

　狭小地住宅の工事では、敷地の広さや形状、前面道路の幅や接道形態、電線や電柱の位置、隣家との間隔などによっては工事に制限が生じることがあるので、注意が必要だ。
　たとえば、現場に重機や資材の搬出入が可能か、などの検討が必要になる。特に、杭工事や鉄骨工事などのように、長い資材の搬出入や組立工事などがある場合には、電線や敷地形状がネックになって工事ができないこともある。筆者は、耐火建築物が要求された狭小地住宅で、鉄骨工事では相当な難工事になることが予想された計画で、部材が軽く、小さいことで工事が可能な、木造耐火建築物を選択した経験がある。

Keyword ㊷　Keyword ㊸

建て主の希望から

　建て主の希望から構造形式が決まることもある。RC造は、建て主が希望して決まることが多い構造形式だ。RC造は堅牢なイメージや、コンクリート打ち放し面の粗野な素材感が好まれる。
　また木造の優しい素材感を好む建て主も多い。ただし木造の場合、耐火建築物や準耐火建築物の場合は、基本的には耐火被覆が必要であり、木造の骨組みを直接目にすることはできない。

図1　狭小地住宅の構造設計は、検討項目が多い

そのため準耐火建築物の場合には、燃え代設計[*1]という選択肢がある。この方法を使えば、木材の柱・梁をデザインとして見せることが可能だ。素材に関心が深い建て主には、この方法を事前に説明するとよい。 Keyword 21 Keyword 23

間口が狭く、奥行きが長い狭小敷地

狭小地住宅の場合、間口が狭く奥行きが長い敷地に出会うことが多い。とくに歴史的に古い京都や東京下町の街区などは、こういった町割の敷地が多い[*2]。このような平面的に細長い敷地は、間口方向と奥行き方向で構造的なバランスを取るのが難しく、構造計画において工夫が必要になる。

またこのような敷地では、短辺方向の壁面に開口が欲しい場合が多いことも、構造計画を難しくしている要因でもある。この場合は、鉄骨造やRC造で、耐震壁が不要なラーメン構造を採用することが多い（図2）。 Keyword 22 Keyword 23

塔状比が1：4以上の場合

狭小地住宅で、塔状比が大きい場合には注意が必要である。塔状比とは、建物の間口と高さの比であり、これが1：4を超えると、建物が転倒しないような確認が必要になる。そのため一般的には、杭の引き抜き対策など水平力に対抗するために基礎の構造を強化する必要がある。

また塔状比が大きい場合には、完成後に、強風や振動によっても、揺れやすい傾向があるので、注意が必要だ[*3]（図3）。 Keyword 22 Keyword 47

構造設計のグレードを伝える

建て主は、構造設計とは、地震時に絶対に建物が壊れないことを目標としていると思っていることが多い。

そういった意味で、設計者は構造の設計グレードを、建て主にきちんと伝えるべきだ。筆者の事務所では、設計に入る前に、建て主に対し、品確法（住宅の品質確保の促進等に関する法律）における住宅性能表示の耐震等級を基準に、構造設計のグレードを確認している。

建築基準法で定められている仕様では、中小程度の地震のときには壊れないが、大地震（震度6強クラス）の地震に対しては、部分的な被害は受ける。しかしその場合でも人命は失われないような構造体をつくることを目標に定められている。このような点を、建て主にしっかり伝えるべきだ（表1）。 Keyword 02

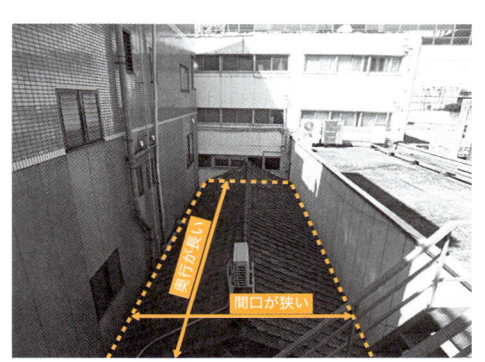

図2　間口が狭く、奥行きが長い敷地

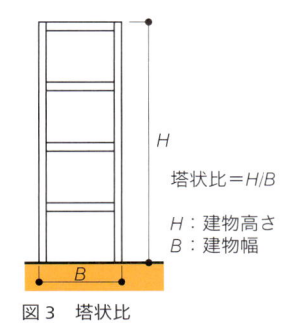

図3　塔状比

塔状比＝H/B
H：建物高さ
B：建物幅

表1　品確法における耐震等級　耐震等級を基準に、構造設計のグレードを建て主に伝える

耐震等級1	建築基準法と同程度の建物
耐震等級2	等級1で想定する地震の1.25倍に耐えられる
耐震等級3	等級1で想定する地震の1.5倍に耐えられる

建築基準法で想定される地震と被害の関係は、以下の通りである。数百年に一度発生する（震度6強程度以上）地震に対して、倒壊・崩壊しない（＝まったく壊れないことではない）。
数十年に一度発生する（住宅の密集する都市で震度5強程度）地震に対して、損傷しない（全く壊れないこと）。

[*1]：木造において、予め火事で消失する木材の部分を想定して部材の断面寸法を考えることを燃え代設計という。
[*2]：歴史的に見て、接道長さと租税が比例していたので、このような形状の敷地が多いと言われるが、近年は土地売買のために敷地分割されて間口が狭い敷地が増えているようだ。
[*3]：筆者は、下町に多いこのような形状の3・4・5階建て住宅を、「下町ノッポ住宅」と呼んでいる。

2章　設計のルールとポイント

Keyword ❶⓻

■構造や工法の検討

地質調査の方法

　地質調査は、計画建物の構造形式や階数を決めるために重要だ。調査方法は、計画する建物の構造形式、階数、地質条件等により最適な方法を選択する必要がある。なお、地質調査の方法は、必要に応じて構造設計者と何を調査すればよいかを打ち合わせることが必要だ。

計画地の地質の概要を調べる

　一般的には、設計の相談を受けた段階では、詳しい地質データがないことが多いので、早めに近隣データを入手して、適切な構造形式や杭または地盤改良工法などを判断できるようにすることが望ましい。

　まず手軽な情報源としては、ウェブサイトがあげられる。自治体が地質情報を公開している場合も多い。たとえば、東京都のサイトでは、その場所付近の地質や土地の履歴、液状化予想マップを見ることができる。 Keyword ❸

構造形式・階数・基礎工法を想定

　おおよその地盤の概要を把握した上で、計画する建物の、構造形式や階数を想定し、同時に必要な基礎形式、地盤改良、杭工法などを仮定して調査を行う必要がある。

　狭小地住宅が多い東京の下町地区は、ほとんど地盤が悪い地域だ。この地域では、少し良好な数mの表層地盤の下は、N値がゼロ、つまり支持力が期待できないシルト層が地盤面から20〜30m程度まで続き、その下にN値50以上の支持層が存在する場合が多い。従って、表層地盤で支持するか、深い支持杭を打つかの判断が必要だ。

Keyword ❶❽ Keyword ❶❾ Keyword ❷⓪

どんな地質調査が必要か？

　一般的には、計画する建築が、木造2、3階建てであれば、スウェーデン式サウンディング調査（SWS調査）を行う場合が多い。鉄骨造や、RC造であればボーリング調査（標準貫入試験）を行う場合が多い（図1、図2）。

　ただしSWS調査は、木造住宅を前提にした簡易調査であり、得られる地質データには限界がある。この調査では、深さは10m程度までの、土質の概要、換算N値による地耐力、地下水位の位置など、木造住宅の設計に必要な最小限のデータ収集が目的である。またSWS調査では液状化の判定はできない。

　一方、ボーリング調査で得られる情報は、表1の通りであり、これらの情報は、柱状図によって表わされる。柱状図の見方を図3で解説する。

　SWS調査と大きく異なる点は、深い深度までの調査が可能であり、実際にサンプルを収集することで、試験室において土質試験を行うことも可能だ。また液状化の判定を行うことが可能である。

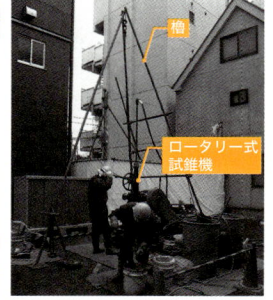

図1　スウェーデン式サウンディング調査（SWS調査）

図2　ボーリング調査

表1　ボーリング調査による調査項目の概要

地質地層	地質、層厚、深さ、サンプル
地下水位	自然水位の深さ
地耐力	支持力（N値）
物性	粒径、含水比、透水性
液状化	地震力と液状化の可能性の検討
水平力	孔内水平載荷試験

そのため前者の費用が数万円程度に対して、後者の費用は25〜30万円以上かかる。

注意すべきは、調査費用に配慮しすぎて、簡易なSWS調査で行ったため、設計時に必要な情報が集まらず、ボーリング調査による再調査が必要になることがあるので、調査方法については構造設計者と相談して、慎重に進める必要がある。

液状化対策をどのように考えるか

液状化の危険性を判断するためには、基本的にはボーリング調査を行う必要がある。ボーリング調査に伴って採取したサンプル土を使って室内土質試験を行い、より細かい粒子の割合（細粒分含有率）を詳しく調べ、FL値と呼ばれる値で、液状化の危険性の判定を行う[*1]。

古屋の解体後の地質調査

狭小地で古屋がある場合には、調査するためのスペースが確保できず、解体後になってしまうことがある。広域のエリアで安定したデータが出る場合には、高い確率で近隣データが使えるが、地盤の変化が激しい場所では、仮定の地質データをもとに設計を進めなければならないこともある。

建て主が地質調査に立ち会う

筆者の事務所では、地質調査になるべく建て主に立ち会ってもらうことを推奨している。

ボーリング調査の現場では、実際の土のサンプルを見たり触ったりすることができる。またSWS調査では、工具の回転の様子を見れば実際の土の硬さを実感できるので、建て主でも土地の状態が理解しやすい。

そのため地盤改良や杭が必要になりコストアップしても、建て主の理解を得やすい（図4）。

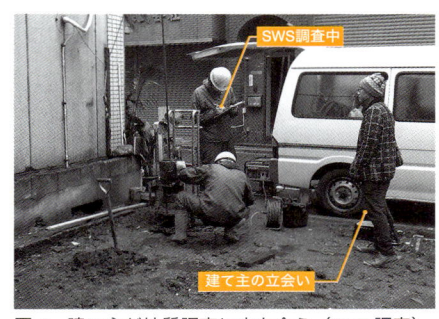

図4　建て主が地質調査に立ち会う（SWS調査）

図3　柱状図の事例

①標尺（単位はm）　地面からの深さ。
②深さ（単位はm）　土質が変わる部分の地面からの深さ。
③層厚（単位はm）　それぞれの地層の厚さ。
④土質記号　土質を表す記号。
⑤土質名　土質を示す。
⑥色調　それぞれの地層における土の色。
⑦記事　それぞれの地層における主な特徴。
⑧深さ（単位はm）　標準貫入試験により得られたN値を測定した深さ。N値は深さ1mごとに調査。
⑨打撃回数　N値を示す。N値とは、重さ63.5±0.5kgのおもりを、高さ76±1cmから鋼管に落下させ、鋼管が30cm土の中に入り込む回数。
⑩貫入量（単位はcm）　⑨の打撃回数によって鋼管が土の中に入り込んだ深さ。
⑪N値　⑩の打撃回数を測定した深さごとに折れ線グラフで示す。
⑫孔内水位（単位はm）　ボーリング調査で掘った孔に溜まった地下水の水面から地表面までの深さ。

[*1]：FL値とは、液状化の可能性を示す指標。地盤面下で、液状化の可能性が高い場所を、1mごとに、地下水位、砂質土などを調べ、どこが液状化するのかを検討し、液状化の可能性を表わす。FL値＞1.0は、液状化の可能性が低い、FL≦1.0は、液状化の可能性が高いと判断される。

Keyword ⑱　　　　　　　　　　　　　　　　　　　■構造や工法の検討

東京下町の地盤について

　狭小地住宅が多く建っている、東京都台東区、墨田区、江東区などの地盤の特徴をまとめてみた。これらの地区は一般的に建物を支持する地盤が悪く、狭小地住宅の建築には何らかの地盤対策が必要になる場合が多い。

　ほかの地域でも、マクロに見た地盤の特性を知っておけば、地盤調査はスムーズに進むはずだ。

東京下町の地盤を概観する

　まず東京全域の地盤を見ると、中央部の山の手と呼ばれる武蔵野台地に対して、東京下町の位置する東部は、東京低地と呼ばれる深い沖積層が占める地層が特徴だ。

　沖積層とは、河川による堆積物でできた比較的新しい年代の地層で、洪積層とは2万年以上前に堆積した古い時代の地層を指す。一般的に洪積層は、沖積層に比べ地盤沈下や液状化などの被害は起こしにくく、安定した支持地盤だと言われる。

　東京低地の多くは、地盤面から20～40m程度の深さまで、建物を支持するには適さない軟弱な沖積層(シルト層)が占めており、場所によっては60mの深さまで達する[*1]。その下部には、東京層と呼ばれる建築を支持するのに適している洪積層が存在する。建築物の支持杭は、この東京層と呼ばれる洪積層に達するように設計されることが多い。

東京下町の地盤断面図

　東京都が公開している断面図を見ると、下町地区の地盤の様子がわかりやすい。これは東京の中央部に位置する武蔵野台地から、東部の東京低地までの地層を東西に切ったものだ(図1)。

　断面図の左側は、山手線の内側にあたり、武蔵野台地の東端付近である。この武蔵野台地が下に潜り込んだ付近が、荒川区や墨田区などの下町地区である。下町地区は、多少堅い表土が表面を覆っているが、中間には柔らかな沖積層(シルト層＝有楽町層下部)が、地盤面下20～30m付近まで続いているのがわかる。この柔らかな地層は、隅田川や旧利根川などが、長い間につくり出した柔らかい堆積物で形成された沖積層だ。この沖積層の下には、建物の支持地盤に適した東京層と呼ばれる、固く厚い洪積層が位置する[*2]。

液状化予想図

　東京都は、液状化の危険があるエリアを、地図上で公開している。東京の下町では、地下水位が高い砂層の場所が多く存在するが、一般的にこの場所は、液状化の危険がある。この液状化予想図を参考にして、地盤調査を行い、必要があれば液状化対策を行うべきだ(図2、図3)。

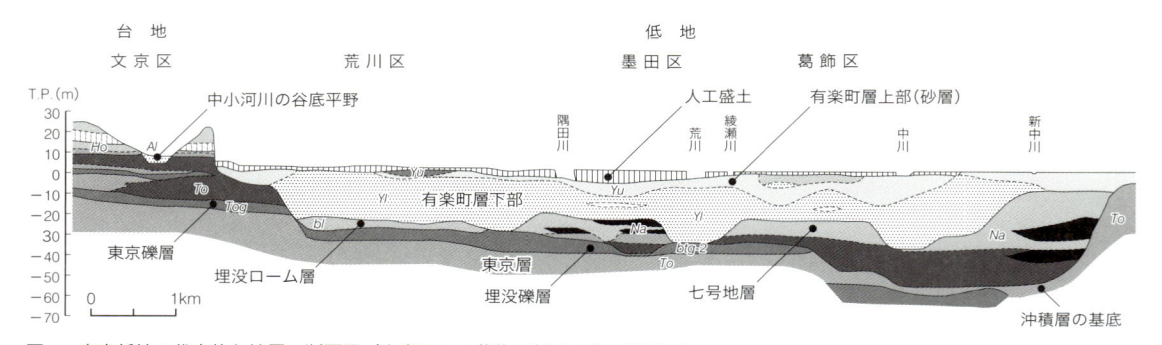

図1　東京低地の代表的な地層の断面図(文京区から葛飾区付近の東西断面図)(出典:東京都建設局・港湾局「東京の液状化予測」2013)

ここでは、私たちが手がけた住宅の中から、東京下町地区に位置する住宅における地盤調査のデータを公開する。

図2 液状化予想マップ（出典：東京都建設局・港湾局「東京の液状化予測」2013）

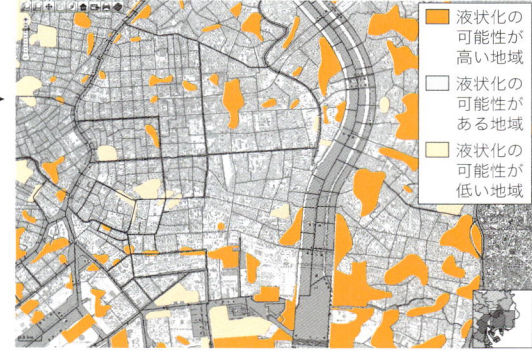

図3 液状化予想マップ拡大図（墨田区・江東区・江戸川区付近）

case 1　SB-HOUSE　設計事例01　東京都台東区

・鉄骨造4階建て　延床面積：132.92m²
・商業地域、防火地域、耐火建築物

　SB-HOUSEは、ボーリング調査の結果、表層の地耐力は小さく、地盤面下18m付近に支持層を確保できることがわかった。この付近は武蔵野台地の東端に近く、支持層である東京層が比較的浅い。検討の結果、18m鋼管杭を採用した（図4）。

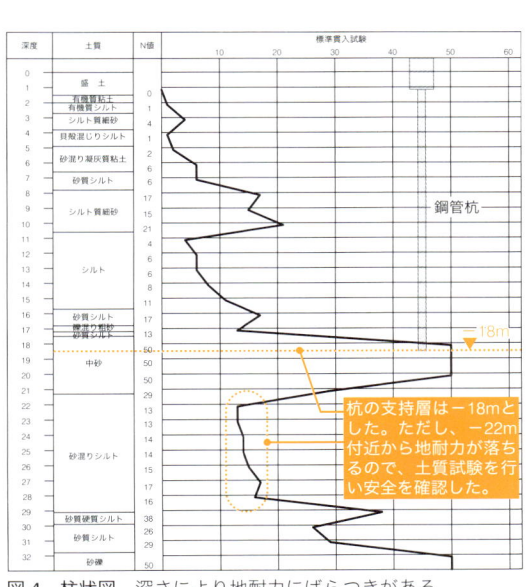

case 2　MR-HOUSE　東京都江東区

・鉄骨造5階建て　延床面積：310.46m²
・商業地域、防火地域、耐火建築物

　MR-HOUSEは、ボーリング調査の結果、地盤面33m付近に支持層を確認した。検討の結果、この支持層まで到達する現場造成杭を採用した（図5）。

Keyword 20

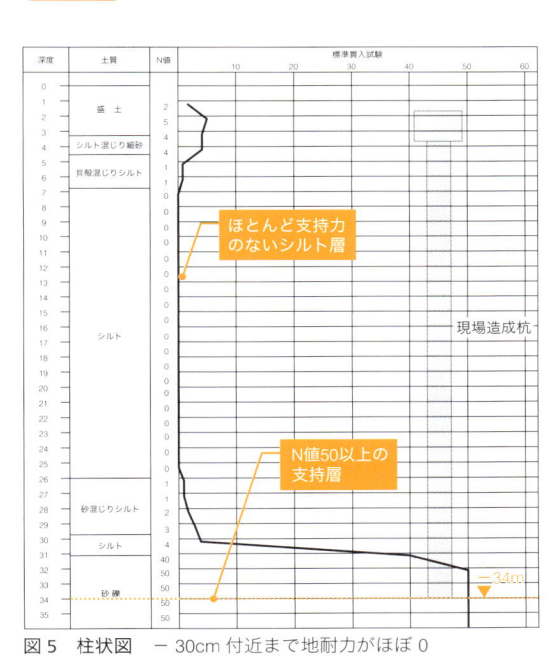

図4 柱状図　深さにより地耐力にばらつきがある

図5 柱状図　-30cm付近まで地耐力がほぼ0

＊1：シルト層と呼ばれる非常に柔らかい粘土質の地層。貫入試験によるN値がほとんどゼロで支持層として適さない。
＊2：この東西地盤断面図は、文京区→荒川区→墨田区→葛飾区を通っているが、もう少し南部の台東区や江東区を通る東西のラインでもほぼ同様の断面の地層だ。

2章　設計のルールとポイント　51

Keyword ⑲ ■構造や工法の検討

地盤改良工法のいろいろ

　地質調査の結果、その地盤が直接建物を支持するには適さないときには、地盤改良工法または、杭工法が必要になる。ここでは、比較的浅い層で地耐力を確保する方法としての地盤改良工法について紹介する。

主な地盤改良工法について

　一般的に狭小地住宅における地盤改良工法は、木造や鉄骨造の3階建て程度までの比較的軽い構造形式の建物に用いることが多い。地盤改良工法は、地盤の状態を考慮して選択されるが、敷地や道路の形状によっても工法が左右されるので十分な検討が必要だ（図1）。

1　表層改良工法

　表層の地盤が悪く、地盤下おおよそ2m以深の地層が良い場合に、地盤面からおおよそ2m程度までの土そのものを改良して、建物を支えるための良好な地盤を形成する工法である。セメント系の固化剤を土と混合して、軟弱地盤を堅い地盤に改良する工法だ（図2）。

　この工法を用いる場合、改良する土の性質が固化剤と、相性が良いかを事前にチェックすることが望ましい。地盤改良工法としては、比較的工事費が安く、手軽に工事ができるというメリットがある[*1]。

　また広い敷地では山留めなしのオープンカット工法で作業が可能だが、狭小敷地の場合には、敷地の周囲にゆとりがないため、山留め工事が必要になることがある。Keyword㊹　設計事例03

2　柱状改良工法

　軟弱地盤に、セメント系固化剤と水を混ぜ合わせたセメントミルクを円柱状に注入撹拌して、直径50～100cm程度の柱状の改良杭をつくる工法である（図3、図4）。おおむね軟弱地盤が地盤面下8m程度まで続いている場合に適用される。柱状改良工法は、円柱状の改良部分の周縁における摩擦力と、先端の支持層への支持力の両者を地耐力の補強として考慮することができる。

　工事手順としては、重機を使って先端からセメントミルクを注入しながら掘削を進め、設計深度まで達したら、撹拌しながら徐々に引き上げ工事を完了させる。

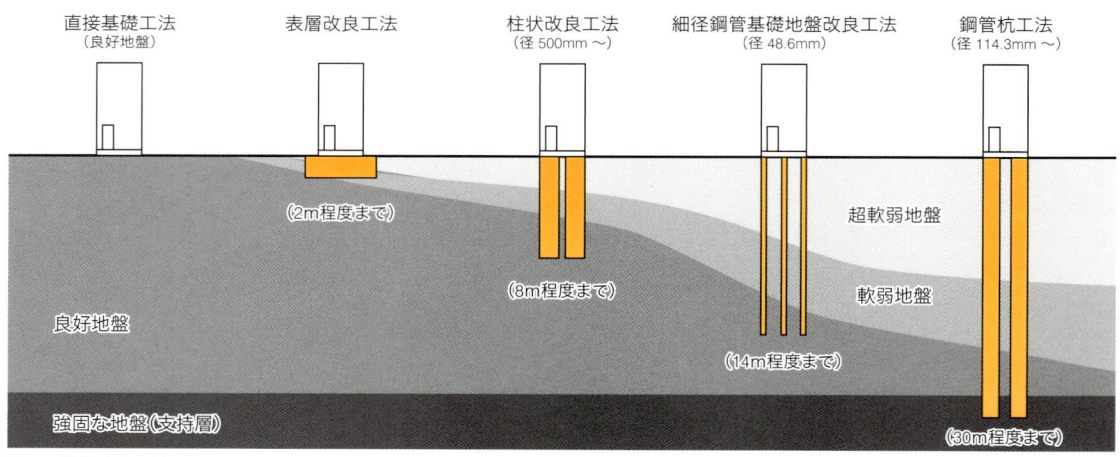

図1　地盤改良工法のバリエーション（参考のために鋼管杭工法も併記した）

また敷地には、工事のための重機のほかに、セメントミルクをつくるためのプラントが必要になる。そのため狭小敷地ではスペースが足りず、施工できないこともあるので、事前の調査が必要だ。

なお軟弱層が、腐植土や廃棄物で形成されていたり、液状化の危険がある場合には、この工法を用いることはできない。

3　細径鋼管基礎地盤改良工法（RES-P 工法）

細い鋼管（48.6mm）を、細かなピッチで圧入することで良好な地盤をつくる地盤改良工法である（図5）。残土処分が不要な乾式工法であることも大きなメリットだ[*2]。

鋼管を連結することで、14m 付近の比較的深い層まで圧入できる。振動や騒音も小さいので、密集住宅地などの施工に向いている。また、プラントや水槽などの設備は不要であり、狭小敷地への対応も良い。ただしこの工法は、利用に際しては、地上3階建て以下、長期接地圧 50kN/m² 以下という条件があるので、適用できる建築には限界がある。また液状化の危険がある地盤では用いることができない。　設計事例09　設計事例10

図2　表層改良工法　固化剤と土を混合する

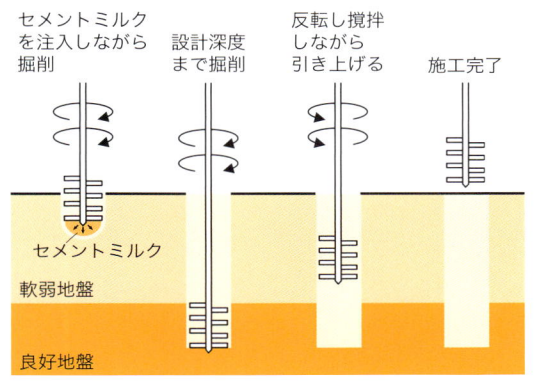

図4　柱状改良工法の手順

図3　柱状改良工法　セメントミルクを注入する

図5　細径鋼管基礎地盤改良工法　鋼管を圧入する

[*1]：改良土の土質と、固化剤の相性を調べるには、現地の土を固化剤メーカーに送り、調査してもらうとよい。試験を通して、相性の良い固化剤の種類と配合比率を決めることができる。
[*2]：大臣認定工法であり、通称 RES-P 工法と呼ばれている。地上3階建て以下、高さ13m以下、延べ面積1,500cm以下で適用可。

Keyword 20

■構造や工法の検討

杭工法のいろいろ

　地質調査の結果、直接基礎または浅い層で支持する地盤改良工事では、建物を安全に支持できない場合には、杭工法を検討することになるが、敷地条件や道路条件によっては、杭工法が限定されることがあるので、十分な検討が必要だ。

　杭工法は、主に工場で製作された杭を使う既成杭工法[*1]と、現場にて杭を製作する現場造成杭工法に分類できる（図1）。

既成杭工法

1　鋼管杭工法

　鋼管杭は、狭小地住宅で多く採用される杭工法である。管径が、100mm程度のものから、400mm程度のものまで、多くの種類の鋼管が用意されている。1本あたりの長さは、トラックで運べる7m程度であり、必要長さを確保するために、現場で溶接またはボルトでつなぐ工法である。

　現場では、鋼管を重機にて圧入するため、騒音や廃土がほとんど出ないので、住宅地での施工に適している工法である。ただしこの工法では重機の旋回範囲や、資材置き場などの確認が必要だ。

　また細長比の関係で、支持地盤までの深さ、つまり総杭長は、杭の直径の130倍までという制限がある。従って東京下町のように、支持地盤が地盤面から30～40mと深い場合には、細い鋼管杭は使用できないこともある。

　また1本あたりの支持力が小さいので、比較的小さく、かつ軽量な建築を支持させる場合に使われることが多い（図2）。

Keyword 43　設計事例 01　設計事例 08

2　三角節型杭（摩擦杭）

　建物が小さい割には支持層が非常に深い場合に、中間層に留める形式の杭であり、土と杭の摩擦力によって支持される杭である。この杭の断面は三角形であり、竹のような節を持つ。

　地盤が悪い場所では、表層から柔らかい地層（シルト層）が、地盤面下30m程度まで続く場合がある。そこでは、3、4階建て程度で、かつ小さな住宅の場合にはどのような杭を採用するか悩ましいことが多い。長い支持杭では、上部構造に比べ、コストが掛かりすぎるからだ。このような場合に、中間層までの摩擦力で支持する三角節型杭を使うことがある。ただし、液状化の危険性のある地層や腐植土の地盤では使えない[*2]（図3）。

3　PHC杭

　プレストレーション方式の遠心力高強度杭のこ

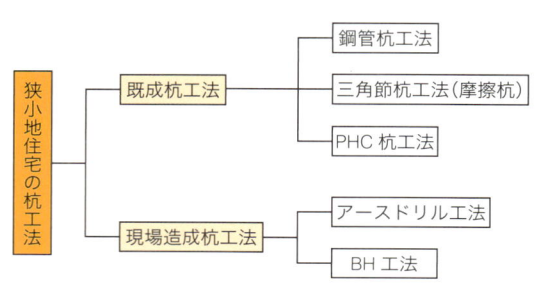

図1　狭小地住宅で使われる主な杭工法

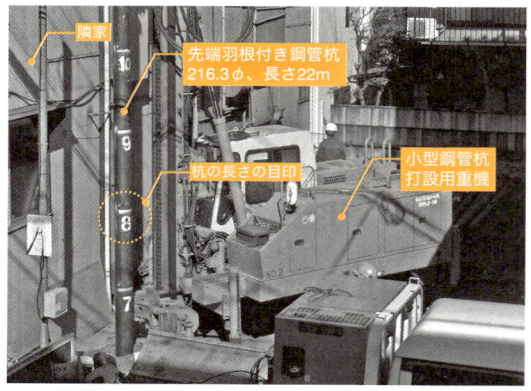

図2　鋼管杭を重機にて圧入する

とであり、工場で杭本体が製作されて、現地にて設置する杭工法である。見た目にはちょうど電信柱のような杭であり、現場で溶接しながら継ぎ足されて施工される。施工条件において、現場造成杭の施工が不可能であり、かつ支持層が深い場合に活用できる工法の一つである。1本あたりの許容支持力は、鋼管杭に比べると大きくなる。ただし、PHC杭の置き場や、重機の旋回能力などで施工条件に制限があるので十分な検討が必要だ。

Keyword 43　設計事例 02

現場造成杭

現場にて製作される鉄筋コンクリート製の杭のことである。狭小地住宅の場合は500～1,500mm程度の直径の杭設計が可能であり、おおよそ地盤面下50m程度の深さまでに使われる。

現場造成杭は、重機を使って掘削された穴に、籠と呼ばれる鉄筋や生コンクリートを挿入することでつくられる。ただし工事中、敷地内には重機のほかに、水槽タンクや資材置き場などが設置できる広さが必要であり、狭小地の工事では事前の施工計画が必要だ。また廃土が発生し、騒音や振動も起こるので近隣対策が必要だ。

狭小地住宅の設計に、この工法を採用する場合は、構造設計者や施工者とも事前に綿密な打ち合わせを十分行ってから採用する必要がある。コスト的には優れた工法であり、一般的なビル工事の杭工法としては主流である。

掘削機の違いで、アースドリル工法とBH工法がある。狭小敷地の場合には、掘削機が小さいBH工法が使われることが多い（図4、図5）。

Keyword 43

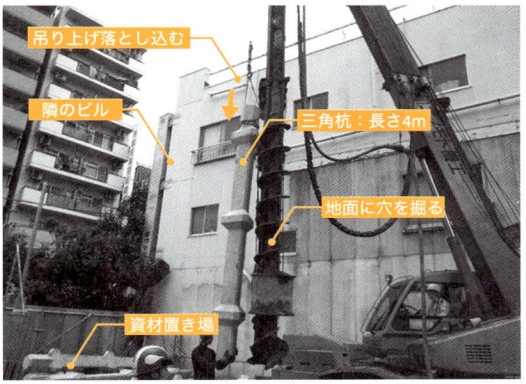

図3　三角節杭（摩擦杭）　コンクリート製の三角杭を挿入する

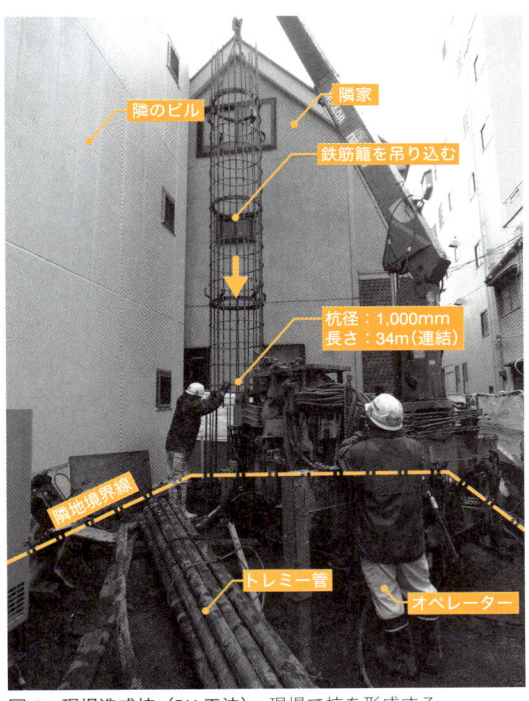

図4　現場造成杭（BH工法）　現場で杭を形成する

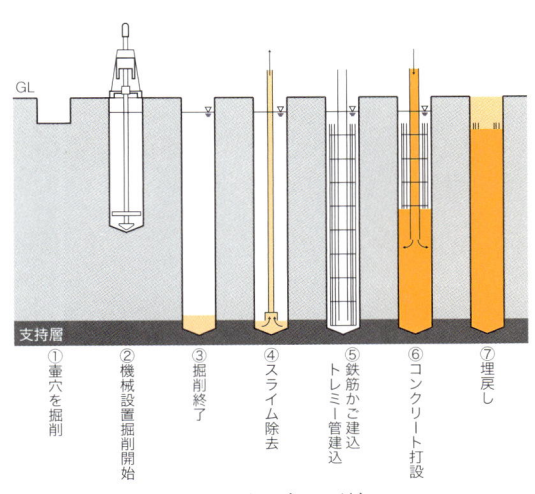

図5　現場造成杭の打込み手順（BH工法）

＊1：狭小住宅では、既成杭を採用する比率が高い。一般的に狭小住宅地では、現場造成杭の施工が難しく、なおかつ近隣への騒音や振動が起こりにくい工法を採用するからだ。
＊2：摩擦杭を予定している場合には、地質調査において、液状化の試験を行うようにすること。一般的には、液状化の試験は、オプションの調査になる。

Keyword ㉑　　　■構造や工法の検討

耐火建築物も可能な木造

　狭小地住宅の設計において、構造形式にはどのような選択肢があるのだろうか。デザイン上の理由のほか、法律や工法的な規制、コストなどの条件を考慮して構造形式を選択する必要がある。ここでは、狭小地住宅という厳しい条件における、各構造形式についてまとめた。まずは木造について考えてみる。

準耐火建築物として

　準防火地域の場合、地上3階建て以下、かつ面積が1,500m²以下の建物は、準耐火建築物または防火構造が求められる。

　なお、近年都市部で増えている、準防火地域の「新たな防火規制地域」では、準防火地域内での外壁や軒裏の防火構造を禁止しており、ほとんどの場合で準耐火建築物以上の仕様が求められる[*1]。

　また防火地域の場合には、地階を含む階数が2以下、かつ100m²以下の場合には、準耐火建築物として設計することができる。

　準耐火建築物として木造という構造形式は一般的であり、イ準耐-2（加熱時間45分）の仕様で設計されることが多い（図1）。 Keyword 06　Keyword 07
 設計事例 09

木造耐火建築物として

　近年、木造軸組工法で1時間耐火構造物の大臣認定工法が出てきた。ツーバイフォー工法でも同様に耐火構造物の認定を取得していることと併せて、木造耐火建築物の実例は急速に増えている。

　木造軸組工法の1時間耐火構造は、（一社）日本木造住宅産業協会が取得した大臣認定の工法であり、手続きを踏めば誰でも使うことができる。

　また2014年から、部分的に告示仕様が認められるようになり、設計の自由度が高まってきたことは今後の広がりを予感させる[*2]。

　ただし狭小地住宅にとって、この1時間木造軸組耐火構造は、長所と短所がある。

　長所としては、木造であるがゆえに、施工は一般的な町場の工務店でも可能である点だ。また工法的に木造は部材の一つ一つが軽く、小さいので、狭い場所での施工に対応が可能なことも大きな長所だ。

　一方、短所としては、耐火被覆のために壁や床が、非常に厚くなることだ。そのため、内部空間が狭くなる。外壁の厚さは25cm近くにもなる。

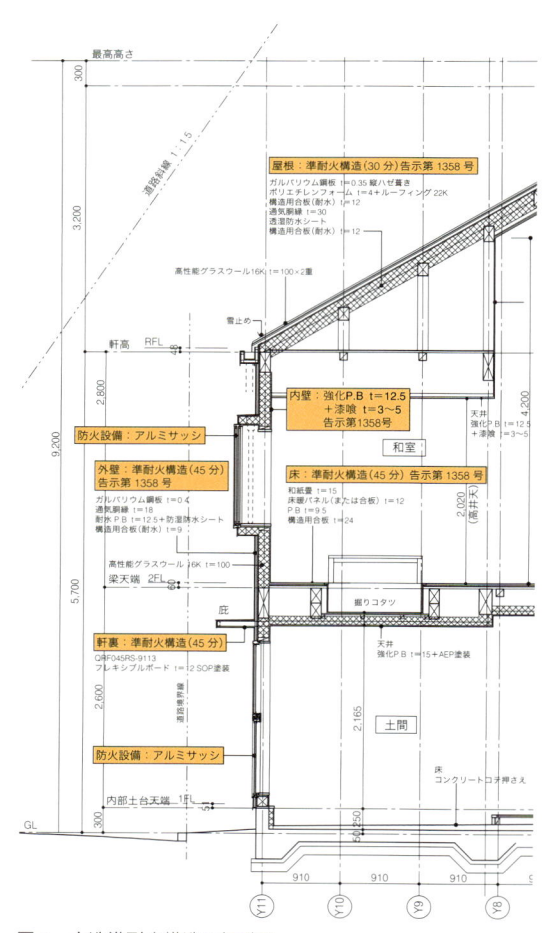

図1　木造準耐火構造の矩計図

建築コストとしては、木造とはいえ、施工が煩雑なため鉄骨造に近い工事費になることもある。

また木造1時間耐火構造物は、骨組みである柱や梁を耐火被覆で覆い隠すので、木の良さを活かすデザインができないことも短所である（図2）。

Keyword 07　設計事例 10

階数の限界

一般的に木造は、地上3階建て以下である。3階建てであれば、在来工法でも、問題なく設計が可能である。同様に、木造準耐火建築物でも、木造耐火建築物でも、3階建てであれば問題ない。

しかし、法律的には木造耐火建築物でも地上4階建ては可能である。前述の通り、木造耐火建築物は、耐火1時間であり、耐火性能の観点から見ると最上階から数えて、4層までが、1時間耐火構造なので、4階建てまで建築可能となるのだ。

ただし地上4階建ては、既存の建築金物では耐力が追いつかず、一般的ではないのが現状だ。

Keyword 08

地盤との関係

木造は軽量であり、地盤が悪く、負担をかけられない敷地には有利だ。木造1時間耐火建築物の4階建てでも $50kN/m^2$ 程度の地耐力で成立する。

Keyword 24

在来工法と金物工法

木造軸組工法としては、最近では在来工法のほかに、金物工法が増えてきた。金物工法は、仕口を金物でつくることで、在来工法より効率的に耐震壁を確保できるものもある。その結果、間口が狭く、奥行きが長い敷地などで、耐震壁の配置のバランスが悪い場合などに効果を発揮する。狭小地で難しい条件の場合にも有効な工法である（図3）。　Keyword 16　設計事例 09

燃え代設計による木材の表し

準耐火建築物の場合は、燃え代設計の規定を活用すれば、柱や梁について木の表面をそのまま表すことが可能だ。燃え代設計とは、燃え代を省いた断面で、構造計算を行い、燃え代部分は燃えても、構造耐力上は支障がないことを考慮されたものである（表1）。

通常よりも、部材の断面サイズは大きくなるが、木材をデザインとして表すことができる。使用する木材は、JAS規格の構造用集成材のほか、含水率が一定の基準を満たし、JASに適合した無垢材でも使用が可能である[*3]。

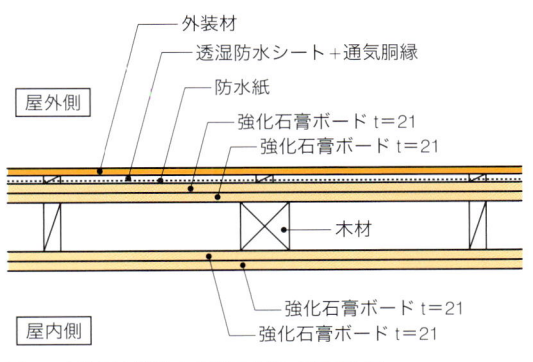

図2　木造耐火構造の外壁の仕様（告示仕様）

- 外装材
- 透湿防水シート＋通気胴縁
- 防水紙
- 強化石膏ボード t＝21
- 強化石膏ボード t＝21
- 木材
- 強化石膏ボード t＝21
- 強化石膏ボード t＝21

図3　金物工法（SE構法）（提供：㈱エヌ・ディ・エヌ）

表1　必要な燃え代の厚さ

柱、梁の部材 （JASに適合するもの）	必要な燃え代		
	30分	45分	60分
集成材、単板積層材	25mm	35mm	45mm
製材（含水率15%等）	30mm	45mm	60mm

＊1：「新たな防火規制地域」は自治体ごとに規制が異なるので、内容を確認すること。
＊2：木造耐火構造の告示仕様は、大臣認定(個別認定)に比べ、汎用性があり、工法のバリエーションが増える。国土交通省告示861号（2014年8月22日施行）
＊3：木造は、木の優しい表情が見えることが好まれる場合が多い。耐火被覆のために木の表情を見ることができないのは、デザインとしては残念だ。

Keyword 22 　　　　　　　　　　　■構造や工法の検討

狭小地住宅で一般的な鉄骨造

　狭小地住宅は法的に、耐火建築物としての仕様が求められることが多い。そのため鉄骨造は最も一般的な構造形式と言える。ここでは、狭小地の鉄骨造についてまとめてみる。

一般的な耐火建築物として

　防火地域の場合は、地階を含む階数が2以下で、かつ100㎡以下の建築を除くすべての建築物、また準防火地域の場合は、地上4階建て以上または500㎡を超える建築物は、耐火建築物が求められる。

　木造やRC造でも耐火建築物として設計することは可能であるが、現場作業が少ない乾式工法であり、リーズナブルな建設コスト、工法の多様さ、工期の早さ、建物の軽さなどの総合的な理由で、鉄骨造が採用されることが多い。 Keyword 06

階数について

　前述したとおり、木造では耐火建築物の場合、1時間耐火建築物という制限で、4階建てが限界であるが、鉄骨造の場合には、主要構造部に2時間以上の耐火構造の工法が多く用意されているので、基本的に階数の制限は考えなくてもよい。
Keyword 08

耐火被覆の必要性

　鉄は不燃材料であるが、高温（550℃程度）になると急激に強度が失われ、一気に構造耐力が落ちるので、そのままでは火に弱い構造である。そのため原則としては、柱や梁には耐火被覆が必要になる。耐火被覆で覆われるので、鉄材は目に見えないことが原則である。ただし体育館のように天井高が高い建築の場合には、鉄材を見せることができる[*1]。

　そのため一般的には柱や梁の仕口などのディテールは、耐火被覆に覆われてしまい、隠れてしまうことが多い[*2]（図1、図2）。 Keyword 07

地盤との関係

　地盤の状況によっては、建物本体の重さを少しでも軽くすることが必要な場合がある。そのときは、軽量な鉄骨造を選択することが多い。

　また鉄骨造では、床版をコンクリート造にした合成スラブとする工法が一般的であるが、建物の

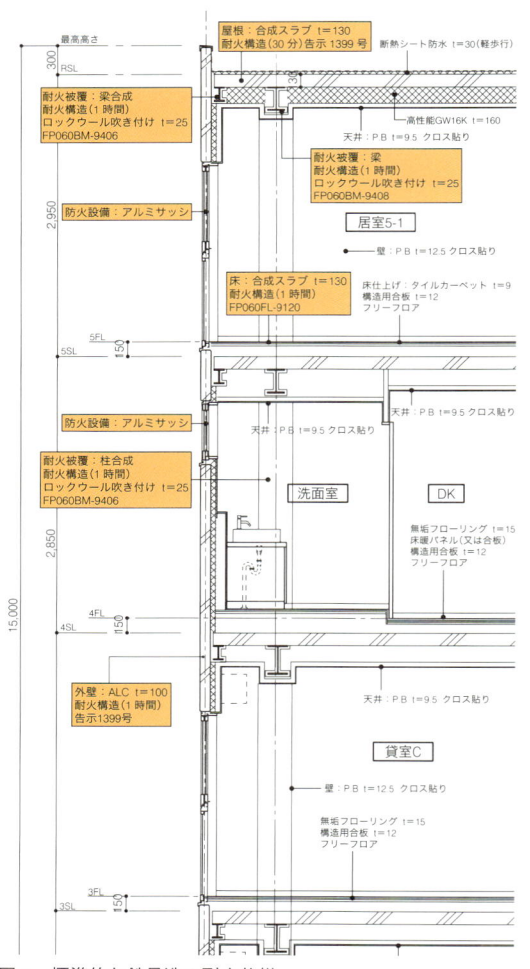

図1　標準的な鉄骨造の耐火仕様

重量を少しでも軽くするためには、軽量なALCの床版を採用することがある。ただし、ALCの床版を採用する場合には、上下階で騒音が伝わりやすいので、構造面だけでなく、騒音対策も含め、設計条件の全体を視野に入れて設計する必要がある。

Keyword ⑲ Keyword ㊼

工事上の制約

狭小地では、道路の狭さや形状、電線の状況などで工事が難航することがある。この場合、設計上の材料の大きさを制限することや、工法を変更するなどの狭小地対策が必要となる。

鉄骨造を採用する場合には、事前に工事を踏まえた現地調査をきちんと行う必要がある。また杭工事が必要な場合には、既成杭の長さや搬入ルートなどを、事前に杭メーカーや工務店とともに調査して、検討することが必要である。

Keyword ㊸

ラーメン構造とブレース構造

鉄骨造の架構形式としては、ラーメン構造とブレース構造、及びその両者の組み合わせがある。ラーメン構造では、柱と梁の部材断面寸法は大きいが、筋交いなどの耐震要素が不要で、開口面を自由に設定できる利点がある。

一方ブレース構造は、ブレース（筋交い）が必要だが、柱や梁の部材寸法を細く抑えることができるので、狭小地住宅の室内を広く確保できる。どちらの架構形式を選択するかは、敷地やその他の条件を総合的に考慮して決めるべきであり、そのためには構造設計者の協力が不可欠である（図3、図4）。

Keyword ⑯

しなやかで、柔らかい構造体

鉄骨造はしなやかで、柔らかい構造体である。従ってRC造に比べると、揺れやすい構造体であるとも言える。特に狭小地住宅の場合、塔状比が大きくなりやすく注意が必要だ。またブレースがないラーメン構造の場合にも、揺れに対する注意が必要である。

揺れやすい形状の場合の対策として、部材断面を大きくしたりブレースを入れるなどして、剛性を高めて、揺れを少しでも和らげるようにしたい。

Keyword ㉔ Keyword ㊼ 設計事例 02

熱伝導率が高い

鉄材は熱伝導率が高い材料であり、この性質は住宅にとって厄介な問題を引き起こすことがある。一番注意が必要なのは、断熱工法の不備が原因で、冬季の室内外の温度差で、室内側に結露を引き起こすことである。鉄骨造の場合には、外壁の断熱性能を確保し、柱梁の周囲でも、きちんとした断熱処理を怠ってはならない。

Keyword ㊼

図2　鉄骨の耐火被覆（ロックウール吹き付け）

図3　ラーメン構造とブレース構造

図4　鉄骨ラーメン構造

＊1：平成12年建設省告示第1399号により、床面から、梁の下端まで4m以上の鉄骨造の小屋組で、その直下に天井がないもの、又は直下に不燃材または準不燃材料でつくられた天井があるものは、耐火被覆の必要性がない。
＊2：鉄骨造の耐火建築物は、基本的に耐火被覆で覆われてしまうので、鉄骨材をデザインとして積極的に現わすことはできない。ただし、コストは掛かるが薄い塗膜の耐火塗料を使い、スリムな構造体として見せることは可能だ。

Keyword ㉓　　　　　　　　　　　　　　　■構造や工法の検討

耐火性や遮音性に優れた RC 造

　狭小地住宅では、RC造を採用する機会が多い。RC造は、それ自体で高い耐火性能を有している。また遮音性が高く、振動に対しても強いので、住宅に適している構造形式だ。ここでは、狭小地のRC造住宅についてまとめてみた。

耐火性能が高い構造

　耐火建築物の仕様を確保するためには、木造や鉄骨造では、構造体に耐火被覆が必要であるのに比べ、RC造はそれ自体で高い耐火性能があることが特徴だ。そのためRC造は、火災に強く、火災時には住人を守ってくれる。

　火災が起こりやすい密集市街地などでは、耐火性能を優先して、RC造を選択することもある。

Keyword ❷　設計事例 ❽

地耐力との関係

　RC造は非常に重い構造体である。総重量としては、同じ階数や広さの木造に比べて、3倍程度、同様に鉄骨造と比べて1.5～2倍程度重い。

　そのため、地耐力が不足する場合は、地盤改良工法や杭工法で地盤対策工事を行う必要がある。事前に地質調査を行い、基礎工法や杭工法の十分な検討が必要だ。

Keyword ⓱　設計事例 ❽

遮音性や交通振動対策に優れている

　RC造は重量が大きいが、そのことによる長所も多い。重量が大きいと、遮音性が高くなるので、周囲に道路などの騒音源がある場合には有効だ。

　ただし、建物の遮音性を高めるためには、開口部の遮音性も同時に高める必要がある。開口部の騒音対策は、開口形式やガラスの仕様によって左右される。さまざまな騒音源の波長によって、対策が異なるので、注意が必要だ。

　また、RC造は剛性が高い構造体であり、地盤が悪く、幹線道路や電車の線路などが近くにある場合には、交通振動対策としても有効な工法だ。

Keyword ㊼

ラーメン構造と壁式構造

　RC造の架構形式には、ラーメン構造と壁式構造がある。狭小地住宅には、壁と床で構成される

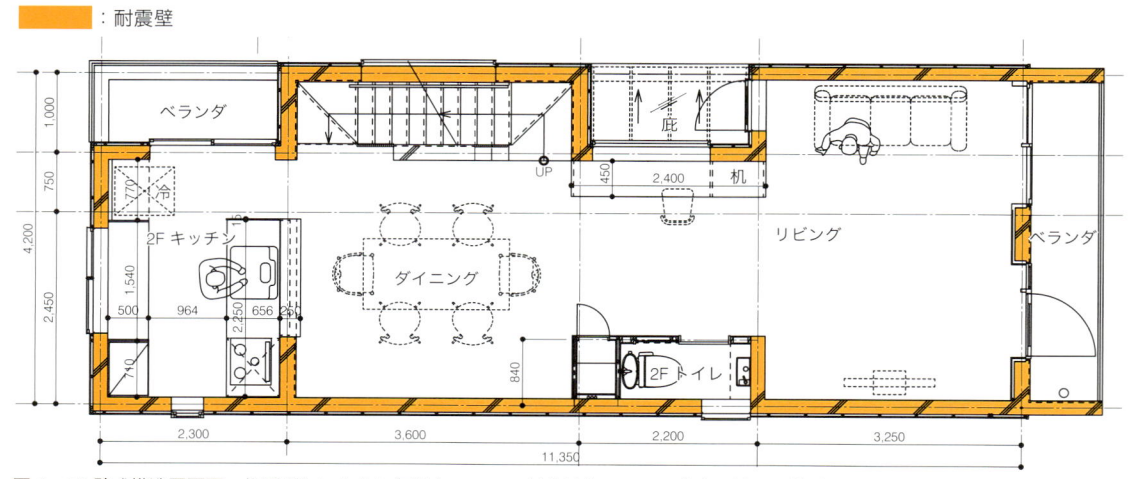

図1　RC 壁式構造平面図　柱型がないために無駄なスペースが生じないので、住宅に適した構造形式だ

図2 RC壁式構造の建物

図3 型枠工事

図4 鉄筋工事

壁式構造が有効な場合が多い。柱と梁で構成されるラーメン構造では、柱型や梁型が家具の配置などで邪魔になることが多いからだ。

ただし、壁式構造は、長辺方向と短辺方向の耐震壁をバランス良く配置する必要があるので、間口が狭く、奥行きが長い形状の敷地では、短辺方向の壁量が足りないことが多く、構造計画に工夫が必要になる。また耐震壁を上下階で、連続させる必要があるなど、設計上の注意が必要だ（図1、図2）。 設計事例04 設計事例08

現場作業が原則

RC造は、現場作業が多い湿式工法である。特に型枠工事には、職人の作業スペースが必要になるので、隣家と外壁面との距離には配慮する。ただし、型枠や鉄筋などの材料は、人手によって運搬が可能なので比較的狭い敷地でも工事が対応できるという長所がある（図3、図4）。

しかし、木造や鉄骨造と比べると、現場の作業が多いためにコストや工期が掛かることが難点だ[*1]。 Keyword 25

建て主の志向性が強い構造

RC造は、建て主が自ら希望することが多い構造形式だ。これに比べて鉄骨造は、積極的な選択ではなく、コストや工期から受動的に決まりやすい構造形式である。

図5 コンクリート打放し仕上げ

RC造は堅牢性が高く、打ち放し面は独特の美しいテクスチャーを持つので、RC造を積極的に支持する建て主は多い（図5）。 設計事例08

蓄熱性を利用した外断熱工法

コンクリートは高い蓄熱性を有する物質である。その性質を利用して、RC造の外部を外断熱構法とすることが可能である。

外部に熱が漏れにくい外断熱構法で、蓄熱性が高い室内側のコンクリートを、一度暖めたり冷やしたりすることで、室内側の温度の変化が少ない環境をつくり出すことが可能である。

ただし、RC住宅のその断熱工法は、蓄熱性が高いため、素早い温度コントロールが難しいので、居住者の生活スタイルを含めた計画が大切だ[*2]。

[*1]：2015年現在、職人の不足が叫ばれて、建設コストの増加が止まらない。特にRC工事の型枠職人、鉄筋職人の不足により、RC工事の建設費の高騰が甚だしい。東京では2020年のオリンピックへ向けての建設ラッシュでこの流れは当分続きそうだ。

[*2]：RC造は蓄熱性が高い性質があり、外部は外断熱の仕様で、酸性雨に当たらない室内面はコンクリート打ち放し仕上げというデザインを見かけることが多い。

Keyword ㉔ ■構造や工法の検討

各構造形式を比較する

これまで各種構造形式についてその特徴を述べてきたが、ここではそれぞれの構造形式を基本的な条件について比較してみる（図1～図3、表1）。

耐震性

どの構造形式も耐震設計が可能であり、原則として耐震性に関して優劣はない。耐震性能のグレードは、構造計算によって選択することができる。

多くの建て主は、木造の耐震性が劣り、鉄骨造やRC造の耐震性が優れると誤解しているので、この点は設計時に説明することが大切だ。建て主に対して構造設計には耐震等級のようなグレードがあることを説明する必要がある。 Keyword ⓰

準耐火構造または耐火構造の仕様

準耐火建築物の場合は、木造は耐火被覆または燃え代設計にて準耐火構造を形成する。

また耐火建築物の場合は、木造と鉄骨造は、耐火被覆が必要だが、RC造の場合は構造体自体で耐火構造の条件を満たす。 Keyword ㉓

また耐火構造または準耐火構造において構造体を現せるかという点は、デザイン上重要なので、条件別に表1にまとめてみた。

構造体の自重

同じ形状、面積、階数であれば、木造＜鉄骨造＜RC造の順に重くなる。

建物の自重と、地耐力との関係は深いので、構造形式の自重には、注意が必要である。

表2に各構造体の自重及び、必要な地耐力の略算式を掲載したので設計時の目安にしてほしい。

コスト

一般的には、木造＜鉄骨造＜RC造の順に高くなる。ただし、木造耐火建築物のコストは、鉄骨造の耐火建築物に近い。

本書の執筆時の2015年においては、職人不足や急激な円安による工事費の高騰があり、建設コストが流動的だ。この状況下では、特にRC造の工事費の高騰が目立つ。

建築可能な階数

木造は法規的には4階建てまで建築可能であるが、現状では3階建てまでがほとんどである。狭小地住宅における鉄骨造とRC造は、一般的には階数の制限はないと考えて良い。 Keyword ⓼

工期

木造と鉄骨造は、乾式工法が主体なので工期が短いが、RC造は現場の作業が多い湿式工法が主体なので工期が長くなる*1。 Keyword ㊺ Keyword ㊻

遮音性能

RC造の住宅は自重が大きいゆえに、遮音性が高い構造である。一方、軽量な鉄骨造住宅や木造住宅は遮音性が低い。 Keyword ㊼

交通振動

RC造は剛性が高く非常に堅い構造体だ。そのため一般的には交通振動に対しても強い。一方、鉄骨造や木造は軽量でかつ柔らかい構造体なので、交通振動が予想される場合には、注意が必要である。 Keyword ㊼

構造体の熱伝導率

構造体ごとの熱の伝わりやすさでは、鉄材が群を抜いている。従って鉄骨造の住宅では、熱橋による冬期の結露対策は重要だ。 Keyword ㊼

図1　木造の軸組　　　　　　　図2　鉄骨造の軸組　　　　　　図3　RC造の躯体

表1　構造形式別　各種性能比較表

各種性能	木造	鉄骨造	RC造
耐震性は確保できるか	構造計算で可能	構造計算で可能	構造計算で可能
耐火構造の基本	耐火被覆、燃え代設計[注1]	耐火被覆	構造体自体
構造体を現せるか（準耐火建築物の場合）	燃え代設計で可能	条件により現せる[注2]	現せる
構造体を現せるか（耐火建築物の場合）	現せない	基本的に現せない[注3]	現せる
自重（必要地耐力）	軽い（小さい）	中間（中間）	重い（大きい）
コスト	低い	中間	高い
階数	4階建てまで[注4]	制限なし	制限なし
工期	短い	中間	長い
遮音性能（住宅全体として）	悪い	中間	良い
交通振動	感じやすい	感じやすい	感じにくい
構造体の熱伝導率（W/m・K）	低い（0.12）[注5]	高い（53）	中間（1.6）

注1：燃え代設計は準耐火構造の場合に認められる。
注2：ロ準耐-2の場合。
注3：床面から4m以上の小屋組は可能。
注4：現在1時間耐火建築物のみが認定されているため。
注5：ヒノキ材の場合。

表2　構造形式と必要な地耐力の概算表（例は4階建てを想定した計算例）

構造形式	上部構造	基礎	係数	必要地耐力（4階建ての場合）
RC造	1.0 t / 1F × 床の枚数	3 t	1.3	＝（1.0 t × 4階 ＋ 3 t）× 1.3 ≒ 9.1 → 10 〜 12 t / m²
鉄骨造	0.8 t / 1F × 床の枚数	2 t	1.3	＝（0.8 t × 4階 ＋ 2 t）× 1.3 ≒ 6.78 → 7 〜 8 t / m²
木造	0.45 t / 1F × 床の枚数	1 t	1.3	＝（0.45 t × 4階 ＋ 1 t）× 1.3 ≒ 3.64 → 4 〜 5 t / m²

（注）1t/m² ＝ 9.8kN/m²

*1：湿式工法とは、コンクリートや漆喰などの水を混ぜた材料を使って、現場で建築をつくることだ。一方、乾式工法とは、工場で出来上がった材料を、現場で組み立てる工法を総称した用語だ。乾式工法は、建築の工業化の中で開発された工法であり、大量生産に支えられて現在主流を占めている。しかし、現代では湿式工法の良さも見直されている。たとえば左官壁が見直されていることも、今後の建築工法の方向性を示していると感じる。

Keyword ㉕ ■構造や工法の検討

外壁工法と外部足場

　隣地の建物が、隣地境界線付近まで迫っていたり、またなるべく室内空間を広く確保したいときに、外部の足場を設置しないで工事を行うことがある。特に、商店が集まる商業地域や近隣商業地域のような、軒を連ねて建物が建っている場所では、外部足場を掛けないで工事を進めたいことが多い。これらの地域は、多くの場合、防火地域なので、一般的には耐火建築物となる。ここでは、構造形式別の耐火構造の外壁工法を中心に外部足場の必要性についてまとめてみた（図1）。

木造耐火建築物の場合

　(一社)日本木造住宅産業協会が認定を取得している、1時間木造耐火建築物の場合には、外壁の外側に、構造用合板9mm＋通気層＋ALC35mm＋防火サイディングを施工するのが標準仕様である。この場合、外部からの作業が必須であり、外部足場が必要になる。足場を掛けて、なおかつ職人の施工スペースを確保するためには、最低40cm程度の隙間が必要だ。

　商店街など比較的古いコミュニティがあるような地域であれば、工事中は「お互い様」という考え方が浸透しているのが一般的であるが、隣家の空き空間を借りることができるかどうかは、事前に隣家に確認し、覚え書きなどを取り交わすと将来のメンテナンス時にも安心である。 Keyword ⓭

鉄骨造耐火建築物の場合

　鉄骨造の耐火構造の外壁工事の場合にも、一般的には外部足場は必要だ。工事中、隣家の空きスペースを借りることができれば、こちら側の外壁をなるべく隣地境界線に近づけられる。

　ただし、ALCの外壁工法や一部の中空セメント板工法、金属パネル工法等などの場合は、無足場工法で、外壁の工事が可能だ。

　ALC外壁工法と、中空セメント板は、この材料自体で、外壁耐火構造が認定されている。これらは幅60cmで長さが3m程度の外壁板を、人力によって、一枚一枚丁寧に取り付けながら同時に外部シーリング工事を行う（図2）。

　金属パネル等を外壁の仕上げ材とする場合は、耐火構造を下地として形成した上に、それらを仕上げることで可能になる[*1]（図3）。

　ただしこれら外壁無足場工法は、完成後、外壁に何らかのトラブルがあった場合に、内側からでしか対処できないという問題を抱えてしまう。そのため外壁に対して風雨が強く当たり、漏水事故などが起こりやすいような部位では、この工法は

図1　軒を連ねた商店街と住宅街　家と家の間に隙間がないので外部足場を設置するのは難しい

避けたほうがよい。

また、どうしてもこの工法を採用しなければならない場合には、事前に建て主に対して、将来的なリスクがあることを説明しておくことが必要だ。
Keyword ㉒

RC造の場合

RC造の場合は、外壁の型枠工事の都合上、原則的に外部足場が必要である。

型枠は、壁の内外から鋼管パイプやチェーンを使って固定しなければならない。そのため型枠職人が外側から作業するための空間が必要だ。

その場合は作業上、隣家の建物から少なくとも40cm程度のスペースを確保する(図4)。
Keyword ㉓

木造準耐火構造の場合

防火地域では2階建て以下、または準防火地域では3階建て以下の場合は、木造準耐火建築物で、建築が可能である。しかし、この場合には住宅瑕疵担保責任保険の仕様規定により、外壁通気工法が必ず義務づけられているので、外部からの施工が必須となる。
Keyword ㉑

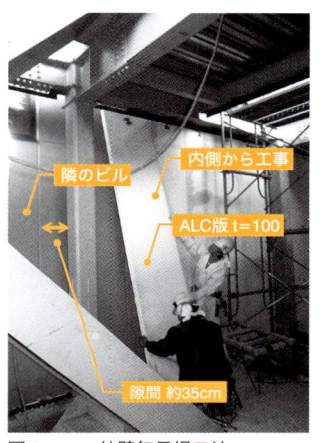

図2　ALC外壁無足場工法

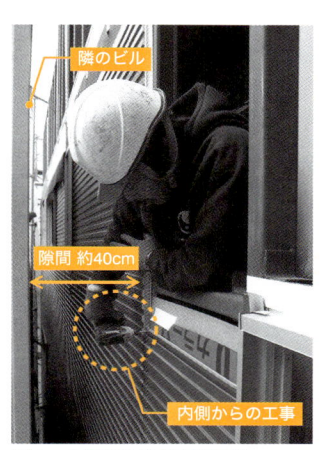

図3　金属パネル無足場工法

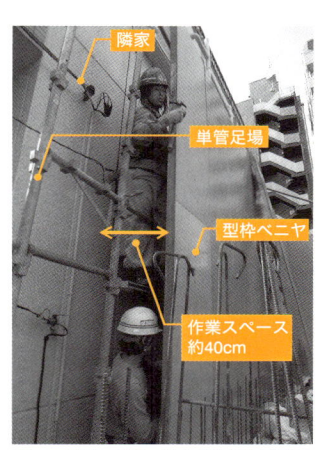

図4　型枠工事には外部足場が必要

---

column3　外壁無足場工法の可能性

隣家との隙間がほとんどない商店街などの工事では、外壁の工法に悩まされる。各種メーカーも新工法を開発して、無足場工法の可能性を探っている。

RC造において、隣家側の型枠設置は、狭いスペースでの作業を伴うので、大変だ。その点を改良しようと開発されたのが、ガンバリ工法だ。まだ改良の余地があるが、外部足場を設置しないでも内側からの工事だけで外壁の型枠を設置するもので、注目に値する工法である。

また、MR工法という鉄筋コンクリート組積造も内側から工事が可能な工法である。型枠ブロックを手作業で積み上げ、鉄筋を配筋してからコンクリートを流し込む工法である。この工法は、国土交通省告示の「鉄筋コンクリート組積造」に対応している。

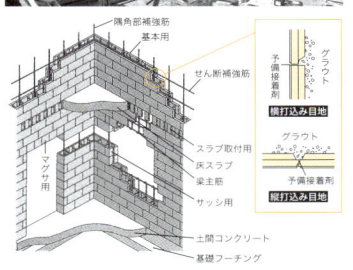

上：ガンバリ工法（提供：元日マテール㈱）
下：MR工法（提供：太陽セメント工業㈱）

＊1：鉄骨造の外壁全面に0.4mm厚のガルバリウム鋼板を張った上に、室内側からロックウール耐火被覆を吹き付け、1時間耐火構造の外壁を形成する。このガルバリウム鋼板の外側にルーフィング（防水シート）を張り、金属パネルで仕上げる工法である。

Keyword 26　　■計画の基本

1階とまちをつなげる

　狭小地住宅における1階の計画は、まちと住宅との関係をどのように捉えるかという意味で重要だ。1階の空間は、道を介してまちとの関係が深い。ここでは、まちと住宅の1階の関係について考えてみる。

いわゆる「玄関」は必要か

　誤解をおそれずにいえば、玄関というスペースは、住宅とまちの関係を断ち切るものであり、障害となっている空間であると捉えることができる。

　そもそも歴史的に見て、一般住宅の玄関とは、格式を重んじる武家住宅の玄関が、変容して現代に至っていると言われている。昔の一般的な民家を見ると、現代の玄関のように住宅の室内外をはっきりと区切る独立空間は存在しなかった。

　その意味では現代住宅には、閉じている状態が基本型であるドアが多く使われることは、まちと住宅の関係を断ち切るという意味では象徴的だ。このことは、大きく開放することができる引き戸と比較するとわかりやすい[*1]。

　現在では玄関は、靴脱ぎだけのスペースではなく、格式を持たせ、ここから先の室内はプライベートな空間だと表現する場所だ。だから、玄関から室内が見渡せないように、囲まれた閉鎖的なスペースにすることが多い。格式を持たせた玄関は、まちとの距離を宣言しているシンボルのようだ。

多様な空間としての土間

　1階に設けられた開放的な土間空間は、家とまちを結ぶ、クッション的な中間領域であり、この空間が魅力的であれば、住宅とまちの距離も、もっと近づくはずだ。

　またこの土間空間は、客を迎えるスペースでもある。ここは、来客とのコミュニケーションを楽しむ場所でもある。もし住宅の入口を靴脱ぎ場としての玄関に限定してしまえば、まちと住宅の関係は遠のくばかりだ。土間は玄関や自転車置き場や倉庫やみんなの集まる場など、多様な用途を兼ねるフレキシブルな空間である（図1）。

まちと住宅を結ぶクッション領域

　お祭りが盛んな東京下町の住宅において、1階の土間空間は、お祭りのときには、親戚、友人、ご近所さんなどさまざまな人々が集い、祭りや宴を楽しむための空間になる。彼らにとってお祭りは、正月よりも大切な年中行事であるという。このような祭りを祝うためにも、土間空間は大切な場所である。

　土間空間は、まちにつながっていて、家の中で一番社会的な空間であるとも言える。ここは日常的に、まちと住宅を結ぶクッション領域である（図2）。 Keyword 09

図1　1階に小さなギャラリー土間（KT-HOUSE）

店舗として

1階の店舗は、まちと人と建築（住宅）を結びつけるスペースである。基本的に店舗は人を歓迎する。店舗があればまちは楽しく、明るくなる。

店舗ではなくても、小さなギャラリーや飲食スペースなどのような開放的で、人を歓迎するようなスペースが増えると、まちはもっと楽しくなるはずだ[*2]（図3、図4）。

駐車場のこと

下町の狭小地住宅の場合、間口が狭く奥行きが長い敷地が多い。そのため、1階に駐車場を設けると、ほぼ間口が駐車場で塞がり、住宅がまちに対して閉鎖的になりがちだ（図5）。

駐車場のシャッターが連続しているまち並みは、寒々しく、冷たい。しかし残念ながら駐車場を自宅に設けたいという要望は多い。

そこで、考えられるのは駐車場の共有化である。たとえば一つの街区単位でまとまった駐車場を裏通り側に設けるといったことはできないものだろうか。

各住宅で駐車スペースがなくなれば、1階とまちとの楽しく開放的な新しい関係を築くことができるはずだ。

こういった考え方は、街区単位で考えるべきことであり、現状のように建て主が小さな敷地を占有している状態では、なかなか駐車場の共同化は難しい。駐車場問題は、まちづくりの視点を取り入れて、街区単位で改善するべき問題だと思う[*3]。

図2 祭りで開放された1階の土間空間（AS-HOUSE）

図3 1階の店舗は、まちを明るくする（AB-HOUSE）

図4 屋台の活気は、まちを楽しくする（台東区浅草）

図5 駐車場が多いと、まちは寒々しくなる（台東区浅草）

[*1]：引き戸は、開けて放しておけば、室内外の空間が一体的になる。引き戸には半分くらい開けるという状態もある。また、開けておいても邪魔にならないのが特徴だ。
[*2]：商店が壊され、マンションや住宅になると、まちは閉鎖的になりつまらなくなる。
[*3]：カーシェアリングという考え方も、駐車場問題には有効だ。若い世代を中心に、自家用車を所有するという考え方が減っているようだ。近年は、設計を通じて自家専用駐車スペースの要望は減っていると感じている。

階段は住宅の中心

Keyword ㉗ ■計画の基本

　狭小地住宅の設計において、室内階段は特に重要なエレメントだ。階段を使った階の昇降は、日常生活における基本的な動作である。老人から子供に至るまでの利用に適し、かつ快適な生活を過ごせる階段の設計が望ましい。

　一方、狭小地住宅の限られた空間の中で、階段の占める面積をできるだけ小さくしたいところだが、これは結果的に急な勾配の階段となり快適性と反する。ここでは狭小地住宅における階段の設計のポイントをまとめてみた。

竪穴区画の緩和規定

　主要構造部が準耐火建築物以上で、かつ地階または3階以上に居室がある建築物は、基本的に階段室を周囲の空間と防火区画しなければならない。これはいわゆる竪穴区画と言われる規定である。しかし、建築の用途を住宅に限るなら、3階建て以下で、かつ200m²以下の場合には、この規定が適用されないという緩和規定がある。

　この緩和規定は、狭小地住宅のデザインにとって非常に有効だ。つまり階段室を防火区画しないで、居室と一体的につくることができるので、室内の空間が広々とするし、上下階の連続性もつくりやすくなる。

　これは住宅という用途に限定された緩和規定だが、4階以上に居室がある場合には適用できない。その場合には、階段室はその他の部分と防火区画しなければならないことは、狭小地住宅の設計の大きな分岐点だ[*1]。 **Keyword ⑧**

ゆったり階段が原則

　狭小地住宅では、ゆったりとした階段を確保することと、居室の広さを確保することは相反することである。結局、与えられた面積の条件の中で最適な設計をするしかないのだが、筆者が通常心がけている階段は、蹴上は190mm以下、踏み面は210mm以上（有効240mm）が基準である。この条件を満足するように、廻り階段を併用した形式になることが多い。ホームエレベーターを設置したとしても、居住者が日常的に使うのは階段が圧倒的に多い。そのため狭小地住宅を快適に使うには、ゆったりとした階段の設計が必要だ[*2]。

快適な柔軟性を持つ階段

　上り下りを繰り返しても快適な階段とは、踏み込んだときに適度な柔らかさを持つ階段である。一般的には住み手は素足または、薄いスリッパの生活が多い。鉄骨造の耐火建築物では、法的に階段は鉄骨でつくられるが、鉄骨部材を厚くすると、階段自体が堅くなるので、柔軟性が乏しく、昇降するときに、足への負担がかかり、疲れやすい階段になりがちだ。

　そのため、仕上げ材と複合した適度な柔らかさを持たせた設計にするとよい。RC造の階段も、下地を木材などの柔軟性のある材料でつくり、適度に柔らかさを持つような階段をつくりたい。仕上げ材は、柔らかさを考慮してコルクタイルやカーペットを使うことも多い。

危険が潜む階段

　階段は、住宅の中でも転倒や落下などの危険が潜む場所である。階段では老人や幼児の事故が多い。そのため、安全面の設計には十分配慮したデザインを行うことが大切である。

　子供が小さいときは、安全ネットなどを活用して、子供が落下しないような安全対策が必要である。高齢者には、持ちやすい手すりの設計を心がけるなど、安全に利用でき、かつ美しい階段を設計したい（図1）。

鉄骨造の階段の隙間スペース

　鉄骨造の階段は、一般的には柱や梁の寸法と、壁厚との差で、階段と壁面との間に大きな隙間ができる。この隙間空間は、デッドゾーンになりやすい。しかしこのスペースを、棚や収納などに使えば、空間の有効利用になる。事例は、その隙間をオープンな棚にしたものである。可動式の棚などをつくったりと、いろいろな工夫の余地が可能なスペースである。また、扉を付け書庫などにする場合もある（図2、図3）。

階段下の空間

　階段の最下部は、収納、トイレ、加圧ポンプ置き場など、さまざまなスペースとして利用することができる。しかし、階段室の下部は、あえて使わずに解放することも狭小な空間を広く見せるデザインのコツである。図4は建物の構造は木造だが、鉄骨の開放的な階段にしたことで、視線が通り室内が広々と感じられる。

図1　子供の安全対策にはネットが有効（TW-HOUSE）

図2　階段室の隙間にオープンな収納棚（HM-HOUSE）

図3　階段室の収納　左側の引き出しは書庫（YA-HOUSE）

図4　階段下を開放すると広々と感じる（TW-HOUSE）

＊1：3階建て以下と4階建て以上では、設計に対する心構えがまったく異なってくる。3階建て以下であれば、構造形式の選択肢も多い。しかし、4階建て以上になると、構造、設備、杭、工法など多くの面で高度な検討が必要になると考えてよい。
＊2：狭小地住宅の設計において、まずはじめに検討すべきことが、快適な階段形式と位置である。住宅の心臓部と言ってよい。

Keyword ㉘

■計画の基本

ホームエレベーターの考え方

狭小地住宅の設計において、ホームエレベーターは、住宅の階の構成を決定する上で重要なツールである。ホームエレベーターがあれば、人や荷物の上下階への移動が楽になるので、住宅の計画に大きな自由度が生まれる。ただし、ホームエレベーターにはいくつかの設計基準があるので、ここで注意点をまとめてみる（図1）。

専用住宅のみで利用可能

ホームエレベーターとは、基本的には特定の家族だけが利用する戸建て住宅のみで利用可能であり、共同住宅などのように不特定の人々が使う建物のエレベーターとしては利用できない。

2世帯住宅でも、住宅の形態上からみて、用途が「共同住宅」という場合は、ホームエレベーターは1住戸の専用でしか利用できない。一般的に共同住宅は、共同住宅のエレベーターが必要になる。 Keyword ⑭

将来設置の可能性を残す

設計時にエレベーターは必要がなくても、将来的に設置できるように計画することも合理的な考え方だ。ホームエレベーターは、部材が小さく完成後の工事も可能であり、将来必要になった時点で、大きな改築をしないで設置することが可能である。

たとえば当初は昇降路に床を張り、収納等に使っていればスペースに無駄がない。ただし、床を貫通することになるので、将来的には昇降路になることをふまえた構造計画や、防火区画を考えておく必要がある。

建て主が将来、ホームエレベーターが必要になるかが未定の場合も多く、当初から無理をして設置せず、可変的に対応しておくとよい（図2）。

バリアフリーの切り札

東京下町の建て替えで、以前の住宅では、障害を持った高齢者の階段の移動が大変だったという話を何回か聞いた。1階が店舗で、上階が住居の場合は、階段を使った高齢者の上下階への移動は、家族にとって大変な重労働になる[*1]。

また一般的に狭小地住宅では、環境条件のよい上階にリビングやキッチンを設けることが多いの

図1　ホームエレベーター（SY-HOUSE）

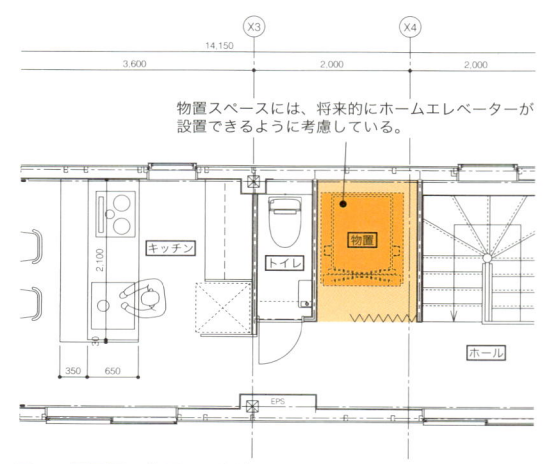

図2　平面図　物置は、将来のエレベーター室（MW-HOUSE）

で、ホームエレベーターは有効である。

ホームエレベーターの仕様と設計基準

　ホームエレベーターの設計基準は、メーカーごとに多少異なるが、一般的には4階建てまでであり、2方向に出入りできるものもある。

　ホームエレベーターは、ロープ式と油圧式があるが一般的にはロープ式が用いられることが多い。また2人乗りと、3人乗りがあり、昇降路の寸法は、1.35m × 1.35m から、0.8m × 0.65m の小さなサイズのものまで用意されている。たたみ1畳にすっぽり納まるタイプなど多くのバリエーションがある。設計上は、オーバーヘッドとピット寸法及び、昇降路の寸法に注意する必要がある（図3、図4）。

階段昇降機

　また、ホームエレベーターではないが、階を昇降するための補助的なツールとして、階段昇降機と呼ばれるものがある。階段に取り付ける移動用のいすであり、1階分の移動だけであるが、ホームエレベーターの設置が難しいときに、導入しやすい。電源は通常のコンセントでよく、設置も簡単だ。費用的にもホームエレベーターに比べて割安なので、ホームエレベーターの設置が難しい場合にはおすすめのツールである*2（図5）。

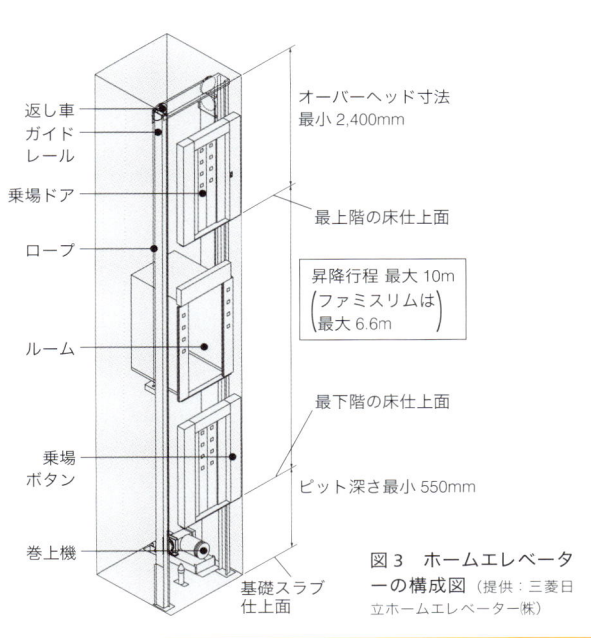

図3　ホームエレベーターの構成図（提供：三菱日立ホームエレベーター㈱）

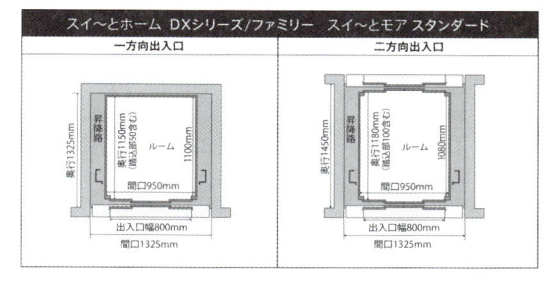

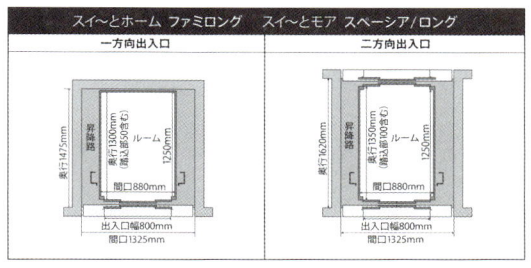

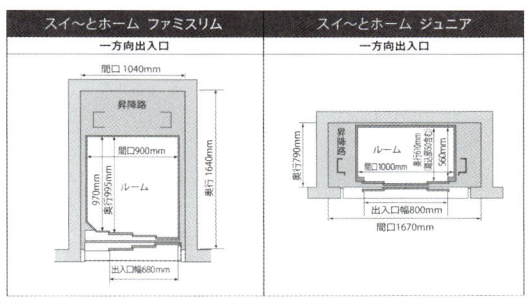

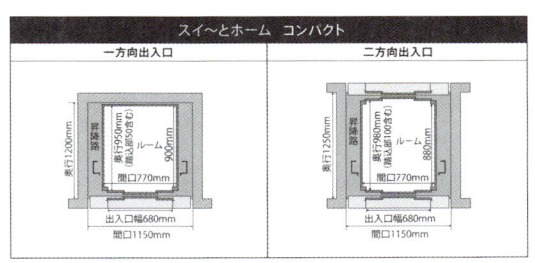

図4　平面サイズのバリエーション（提供：三菱日立ホームエレベーター㈱）

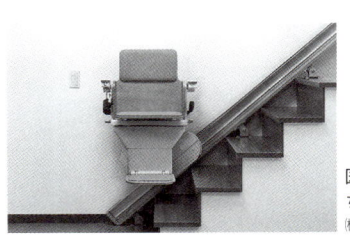

図5　階段昇降機 楽ちん号（提供：大同工業㈱）

＊1：ある建て主は、実家が4階建てで、上階から病気の祖父を背負って1階に下ろすのが一苦労だったことをこぼしていた。
＊2：ホームエレベーターの価格が、小型乗用車1台分（250万円程度）であるのに比べ、この階段昇降機は、数十万円程度で購入できる。設置や撤去も簡単である。ただし、廻り階段には設置が多少難しい。

2章　設計のルールとポイント　71

Keyword ㉙   ■計画の基本

屋上利用か屋根か

　敷地一杯に建つ狭小地住宅は、一般的には地上に庭を設けるスペースがほとんど残らない。そのため、屋上を庭として利用したいという希望を、建て主から聞かれることが多い。ここでは構造形式別に、狭小地住宅における屋上利用について考えてみる。

鉄骨造の場合　屋上か屋根か

　鉄骨造の場合には、最上階のつくり方に二つの選択肢がある。鉄骨造では、人が屋上へ上がり、活動するには、積載荷重を考慮した床版として設計しなければならない。一方、最上部に人が登らないとする場合には、軽量の屋根として設計することができる。

　一般的に前者は、コンクリート合成スラブなどの重い屋上として設計し、後者は軽い金属製折板屋根として設計する場合が多い。

　屋上を利用する場合には、屋上までの階段が必要であり、また、積載荷重や自重が増えるので、構造体や基礎の構造設計の全体に影響が出る。

　また、地盤条件が悪く、建物の軽量化が必要な場合には、建物の総重量を考慮して、屋上利用を断念することもあるので、屋上利用に関しては、建て主にその仕組みについて十分に説明を行う必要がある。そのため本当に屋上が必要かという検討を行いながら、慎重に設計を進めるべきである[*1]。

RC造の場合　屋上緑化として

　RC造の場合には、屋上緑化が容易である。屋上を積極的に緑化すれば、都心でも緑を楽しむことができる。また屋上緑化は、下階への断熱効果も期待できるので、省エネルギー対策としても効果的だ。

　屋上緑化にはきちんとした造園設計が必要であり、土の構成や、排水計画、防水計画などが必要である。造園計画にはできれば造園の専門家の協力を得ることが望ましい。

　RC造の屋上は、庭園や家庭菜園として利用することが考えられるが、きちんと緑を維持していくには、ある程度の計画的なメンテナンスが必要である（図1）。

木造の場合　傾斜屋根

　木造では、南斜面の屋根が確保できれば、ソーラー設備などの利用が可能である。ただし都市部では、高度地区の斜線制限がある場合には南斜面の面積が小さくなりがちで、太陽を利用する省エネルギー設備の設置は難しいことが多い[*2]。

図1　屋上庭園は、メンテナンスが必要（SY-HOUSE）

ホームエレベーターの活用

立派な屋上緑化を行わなくても、屋上スペースに植木鉢を置いたり、物干しスペースとして利用するだけで、屋上は楽しく、有効な空間となる。

塔屋階を設け、屋上の物干し場へホームエレベーターを使って上がることができれば、日常の生活は格段に便利になる（図2）。

ただし、ホームエレベーターには、上下の移動距離が10m以下（4階建て以下）に規制されるので、それを考慮した計画が必要だ。 Keyword 28

屋上の断熱工法

屋上には、条件によって、いくつかの防水工法があるが、おすすめは、シート防水外断熱工法である。適度な皮膜の強さと、外断熱工法が組み合わされた合理的な工法である。

ただし、木造住宅の場合、防火地域内では、飛び火認定品を使う必要があるので、注意が必要だ。

case SB-HOUSE　設計事例 02

この住宅では、4階リビングの吹き抜け空間と屋上をハイサイドライトでつなげて、室内と室外が連続性を持たせることで、狭小地住宅に、広がりが感じられるように設計した。

ハイサイドライトは、北側なので穏やかな光が心地よく降り注ぐ。また、電動の小窓を設けることで、換気を容易に行えるように配慮している。

この住宅の最上階の構造形式としては、人が活動する屋上部分は、重量のあるRC造の合成スラブにし、吹き抜けや階段室の上部は、屋根として軽量化して設計している（図3）。

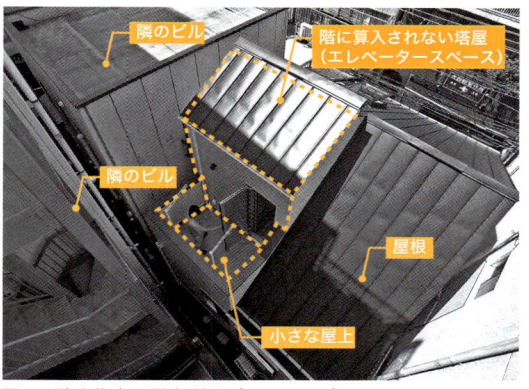

図2　狭小住宅の屋上利用（AS-HOUSE）

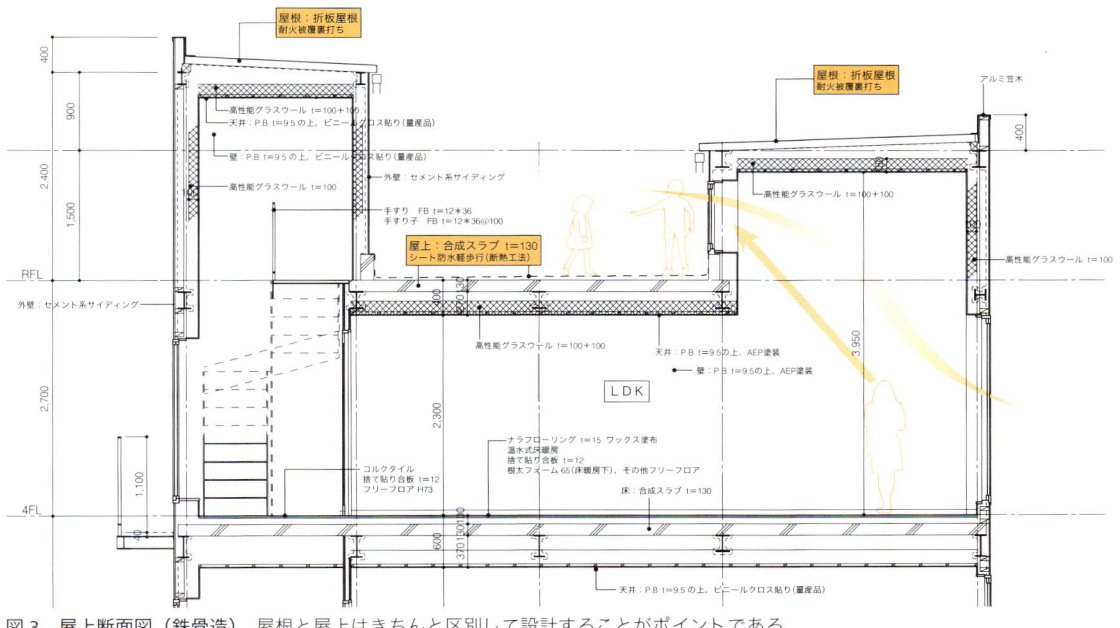

図3　屋上断面図（鉄骨造）　屋根と屋上はきちんと区別して設計することがポイントである

＊1：屋上空間は、狭小地住宅の建て主にとって憧れのようだが、完成後、長期的に見ると屋上の利用率は、それほど高くないようにも感じる。屋上と屋根では建設費にかなりの差が出るので、どちらを選択するかは、建築コストに大きな影響が出る。
＊2：南斜面の大きな屋根を利用する、太陽光パネルや太陽熱利用のソーラー設備は、屋根面積が小さな狭小地住宅では、利用が難しいのが現状だ。

Keyword ㉚

■計画の基本

地下室の条件

　敷地の有効利用や、床面積を確保する観点から、狭小地住宅において、地下室を希望する建て主は多い。しかし狭小地で、かつ隣家が迫っているような敷地において、地下室をつくることは、いろいろ解決しなければならない点が多い。

地下室の法的な規定

　まず法的に地下を居室とすることができる条件を整理すると以下の通りである。
①一定の条件のからぼり（ドライエリア）に面して開口部を持つこと（図1）。
②一定の条件の換気設備を設けること。
③一定の条件の除湿器を設けること。
のいずれかの条件を満たすことが必要だ。

　また地下室は、一戸建て住宅、及び共同住宅においては、住宅の用途に供する部分の床面積の合計の1/3を限度として、容積率に算入されないという特例がある。

地下室のメリット

　地下室のメリットとしては、狭い敷地の住宅に対して、地中にプラスアルファの空間ができることである。それに加えて防音性、遮音性が高いこと、温度環境が比較的一定であること、シェルターになるなど、地上の空間では得がたい空間をつくることができる。地下室は防音性が高いことから、特に住宅ではピアノ室やAVルームなどの音響関係の部屋に使うことが多い。

地下室のドライエリア

　敷地に少しでも余裕があれば、小さくてもよいのでドライエリアを設置したい。ドライエリアがあれば、自然換気が可能であり、結露対策にも効果的である。特にRCの躯体は、建設当初の1、2年間は、化学反応に伴う大量の余剰水を排出するので、結露も多く発生しやすい[*1]。

　ドライエリアを設けられない場合には、1階への階段室を利用して、外気に直接面する開口部を設けると、自然換気が可能である場合が多い。

　またドライエリアから、地上に出られるルートがあれば、万が一の避難経路としても利用できるので安心感につながる。

　ただし、ドライエリアはゲリラ豪雨対策として、排水設備が必要になるので注意したい。

地盤の条件

　地下室の計画においては、地質調査のデータが必要である。支持地盤の深さや地下水位の高さは、設計上重要なデータだ。

　地下室の基礎底版の位置で、直接支持ができる地盤があればベストであるが、東京下町のような支持地盤が深い場所では、小さな住宅でも、地盤下20〜30m程度の本格的な杭工事が必要になることも多い。

　KT-HOUSEの場合は、幸い地下室の基礎の下あたりに支持地盤が位置していたので、杭工事の必要もなく恵まれた地盤条件であった（図2）。

　また地下水位の高さは、工事の条件に直結する

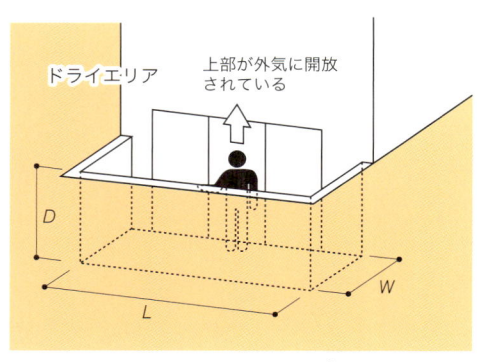

$L≧2m$、かつ　$L≧D$
$W≧1m$、かつ　$W≧4/10D$

図1　からぼり（ドライエリア）のタイプ

情報である。地下水位が高ければ、土を掘削するときに、現場内が浸水して工事が難航してしまうので、シートパールや、薬剤の注入工法などを併用して、止水効果を高める必要がある。 Keyword 44

地下室の構造と防水

地下室の構造形式は、一般的にはRC造である。狭小地の地下室工事の場合には、室内を最大限に確保するために、山留め工事の矢板と躯体との間がほとんどないことが多い（図3）。その結果、矢板がそのまま、外壁の外側の型枠になり、本来躯体の外側にあるべき防水層の工事が難しくなる。従って防水をどのような工法にするか慎重に検討すべきである。

筆者は、狭小地におけるRC造の地下室には、コンクリートに専用の混和材を混ぜた躯体防水を用いることが多いが、一般的にはベントナイト系シート防水の先付け工法もよく使われる。＊2。

また室内側は、万が一の結露や漏水に備えて、二重壁とするのが安全である。地下居室用として開発された樹脂性の二重壁は厚みが薄いので、狭小地住宅では利用価値が高い（図4、図5）。

設計事例 04

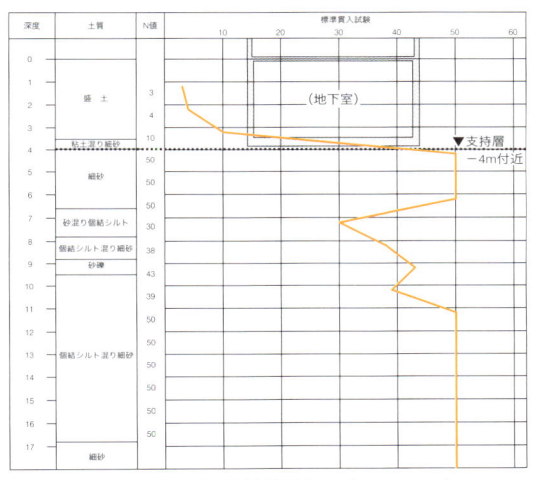

図2　柱状図　4m付近で支持層が出る（KT-HOUSE）

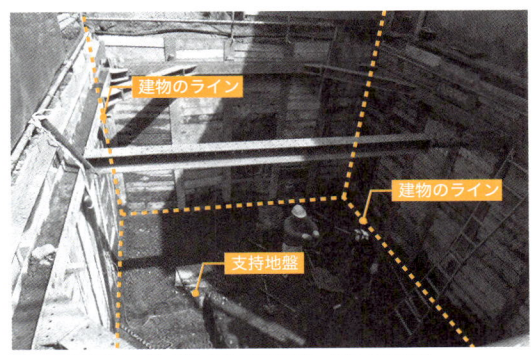

図3　山留め工事（親杭松矢板工法）（KT-HOUSE）

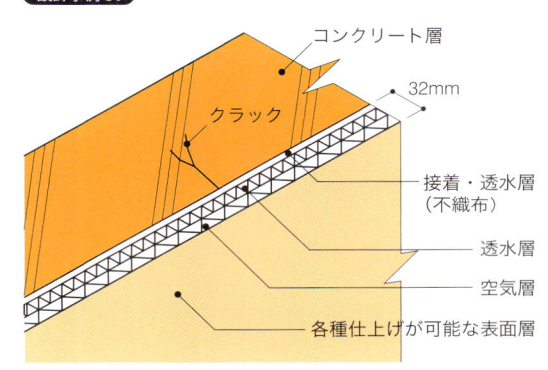

図4　地下室住宅用二重壁（カナモリ・スマートフォーム）

図5　地下ピアノスタジオ（KT-HOUSE）　音響的にも良好

＊1：コンクリート打設後に起こる水和反応に、必要ない余剰水が、徐々に放出され室内に湿気を発生させる。
＊2：狭小地住宅の地下室工事では、タケイ式躯体防水を利用することが多い。専用の混和剤を躯体に混合し防水性を確保する。また漏水の原因になりやすいフォームタイや、打ち継ぎ部分にも防水措置を施す。［タケイ式躯体防水］で検索

Keyword ㉛ ■計画の基本

2世帯住宅の相続税優遇制度

近年人々の都心回帰の傾向が進んでおり、郊外の住宅よりも、都心に近い地域に住宅を希望する人々が増えている。高度成長期に、郊外へスプロールした人口に歯止めがかかり、都心の職住近接のライフスタイルが好まれるようになってきた[*1]。

また、2015年に相続税法が改正になり、納税対象者が、地価が高い都心部を中心に増加する。しかし、今回の改正では2世帯住宅にすると相続税がさらに優遇されるようになった。今後、都心を中心に2世帯住宅の需要はますます増えることが予想される。

2世帯住宅の増加

筆者は東京下町地区において、住宅の建て替え工事を手がけることが多いが、この地域では最近2世帯住宅の設計事例が増えている。特に30～40歳代の都心生まれの子世帯は、郊外に一戸建てを建てるより、都心の生活を好む傾向にある。またこれは、同時に高齢者の親世代の面倒をみるという側面もあるようだ。

また、都心部では、公共施設や学校などのインフラ設備が整っており、職場にも近い立地条件が好まれる傾向にある。その結果、都心部では親と同居しながら、大家族としての生活も体験できる2世帯住宅を選択する家族が増えているのだと実感している。この傾向は、都市を活性化する意味で、とても良い傾向だと感じている。

狭小地の多世帯住宅計画

下町の狭小地に、2世帯を含む多世代住宅として、楽しく住んでいる家族は多い。狭小地が多い下町では、分離型ではない、いわゆる共有型の生活スタイルの住宅がほとんどである[*2]。

図1　親・子世帯の距離が近い共有型住居（TD-HOUSE）

図2　同左内観（TD-HOUSE）

狭小地住宅では世帯間の距離感や生活スタイルの相違などを住宅に取り込もうとしても狭さゆえに限界がある。下町の多世代住宅が成立する理由は、いわゆる共有型の生活スタイルを受け入れる素地があるからだと思う。住宅という器に多くを期待するのではなく、住まい手側にその生活スタイルへの順応性が求められるといってもよい。

家族の生活スタイルが変化するスピードは想像以上に早い。そのため住宅という器に求められるのは、変化に対応できるフレキシビリティのある空間だ。高齢者の体調の変化や、家族構成の変化、子供の成長スピードなど、数年単位で大きな変化が起こる。そのため設計において、特定の世代のためにつくり込みすぎず、高齢者は外部サービスの利用も視野に入れるなど、変化に対応しやすい2世帯住宅計画が求められる（図1～図3）。

2015年相続税の改正

2015年1月から、相続税の税制が改正となり、都心部を中心に納税対象者が増えることになった。これまでの基礎控除額が、5,000万円＋1,000万円×相続人数であったものが、新しい制度では3,000万円＋600万円×相続人数となり、縮小されるためである。

しかし、新しい税制度では、2世帯住宅の規定が、緩やかになった。その結果、2世帯住宅は、この制度を活用すれば、相続税対策として有効となる。

2世帯住宅による相続税優遇制度

小規模宅地の特例とは、自宅の土地を相続するときに、2世帯住宅であれば、相続税の評価額を80％減額される制度だ[*3]。

緩和された内容としては、対象住宅の敷地面積が、これまで240㎡まで適用対象だったのが、330㎡に広がったことが一つだ。

もう一つは、2世帯住宅の形式が、これまで住居内に共有部分を持った共有型しか認められなかったものが、まったく共有分を持たない分離型の形式も認められるようになることだ。特に分離型は、将来的には親世帯の住居スペースを、賃貸住宅として貸し出すことができる長所がある（図4）。

2世帯住宅の形式と建築用途

ところで、相続税の制度の中で2世帯住宅として認められる住居形式を、建築基準法上で分類しようとすると、建物の形式の違いによって扱われる建築用途が異なるので、注意が必要だ。

いわゆる共有型と呼ばれる共有スペースを持つ住居形式は、建築基準法上は、一戸建ての専用住宅でよいが、室内に共用スペースを持たない分離型は、建築の用途では、長屋、または共同住宅となる。

共同住宅となる場合は、特殊建築物として扱われ、耐火構造の仕様や、避難関係の法の適用が厳しくなる。また一部の自治体の条例による窓先空地の確保の必要性や、消防法の適用事項が一戸建て専用住宅に比べて厳しくなる。 Keyword ⓮

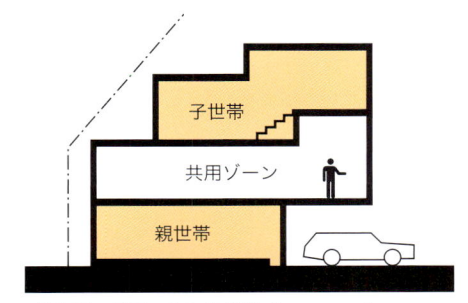

図3　共有型の世帯の住み分け例（TD-HOUSE）

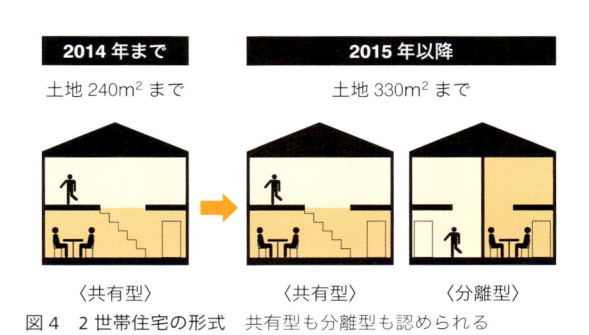

図4　2世帯住宅の形式　共有型も分離型も認められる

2014年まで　土地240㎡まで　〈共有型〉
2015年以降　土地330㎡まで　〈共有型〉〈分離型〉

＊1：たとえば、東京都墨田区の人口は、1995年を境に減少から増加に転じている。
＊2：狭小地住宅では、面積的にゆとりがないので、分離型は成立しづらく、共有型しか成立しないことが多い。もともと下町では世代間の距離は、建築というハードな手段ではなく、主に住まい方というソフトで対応するという習慣があるようだ。
＊3：国税庁ホームページ「租税特別措置法第69条4」の取り扱いについて（法令解釈通達）に詳しい。

2章　設計のルールとポイント

Keyword 32

■計画の基本

賃貸併用住宅と事業計画

　一般的に狭小地住宅が建築されるような都心に近い地域は容積率が高く、交通の便が良く、商店街や公共施設などの利用が便利な場所が多い。また学校や会社などへのアクセスが便利で、生活条件が良いために、専用住宅としてだけではなく、自宅を含む賃貸併用住宅として計画されることも考えられる。

　また、賃貸併用住宅が計画されるような立地は、都心部ゆえに、地価が高いため、固定資産税や相続税も高い。その結果、建築自体に事業性を持たせ、賃貸経営をするほうが有利であることも多い。

　しかし、現代は賃貸住宅の戸数が多すぎ、空き家率が高まるので、安易な賃貸住宅の計画では、空室になるリスクが高く注意が必要だ。

賃貸併用住宅計画の難しさ

　2013年の総務省住宅・土地統計調査によると、空き家は820万戸で、5年前と比較して8.3％、63万戸の増加となり、空き家率は13.5％と過去最高の水準になっている。要するに、人口減少と、住宅の供給過剰というアンバランスの結果である。また首都圏の賃貸住宅の空き家率は、20％弱と言われており、賃貸住宅の経営環境は難しい。

　また2015年1月から相続税の改正が行われ、その結果、相続税の節税対策として新築の賃貸住宅が、さらに増加すると言われており、これが空き率の増加を促すのではないかと懸念されている。

　これだけ空き家問題が騒がれているにも関わらず、2013年の新設住宅着工数で見ると、賃貸物件は15.3％も増加している。これは、明らかに賃貸住宅の供給過剰を示すものであり、アパート経営の破綻などのさまざまな問題を引き起こす可能性を示すデータである[*1]。

設計者として何ができるか

　設計者の立場から、賃貸住宅を計画する上で大切なことは、良質な賃貸住宅が供給できるようなきめ細かな設計を行うことだ。

　これまでの賃貸住宅の設計手法は、いかに計画の容積率を高めて、戸数を確保するかとか、いかに早く安く効率的に建設できるかなどの、数を競った設計力が問われていたが、これからは、住宅の質に関しての設計力が問われる時代である。

事業計画書について

　賃貸併用住宅や、その他店舗（事務所）併用住宅なども含めて、資金を金融機関から借り入れる場合には、事業計画書の作成が必要になる。一般的には、事業計画書作成ソフトを活用して、必要事項を入力して事業計画書をつくり、金融機関に提出し、それが融資の判断材料となる[*2]。

　この事業計画書において、家賃の設定や維持管理費用などを想定して入力するのだが、甘い予測では将来の経営計画が狂いやすく、返済計画にも影響が出やすい。現状分析と将来予測を冷静かつ慎重に行い、不動産やアパート経営などの専門家の意見も聞いて作成するのがよい（図1）。

賃貸事業というリスク

　一般的に賃貸併用住宅の建設に対して、建て主の自宅部分に関しては住宅ローン、また賃貸住宅部分に関しては、アパートローンと言われる事業系のローンで融資が行われることが多い。

　前者は建物の評価に対してではなく、建て主の安定的な給与収入等に裏付けされた信用で融資される。一方、賃貸住宅部分に融資されるアパートローンは、基本的には建物の事業性に対する融資なので、金融機関の厳しい審査を受けることになる。

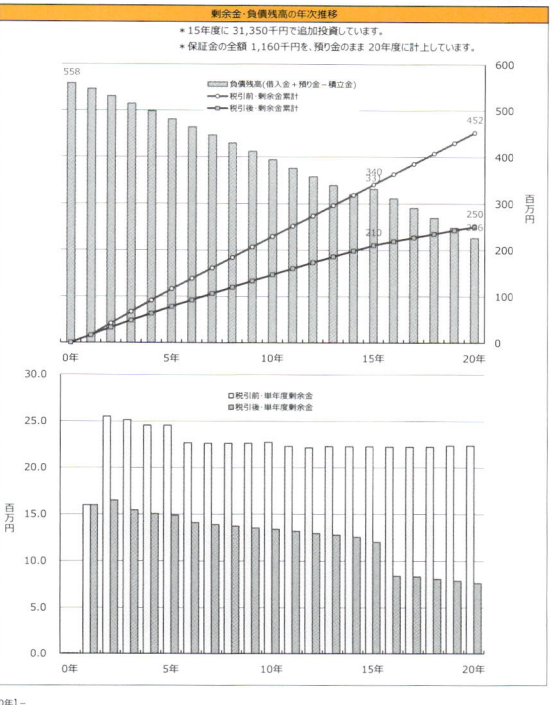

図1 事業計画書のサンプル　リーズナブルな価格とわかりやすい解説が特徴だ（提供：ランド・プランニング・スタジオ）

> **column4** 空き家の増加
>
> 　空き家の増加は、全国的な傾向であるが、賃貸住宅においても空き家は増える一方だ。2015年現在で、都心部の賃貸住宅でも空き家が増えている。
>
> 　その原因の一つに、相続税対策として賃貸住宅を建てることが挙げられる。本来、必要なニーズがあって供給されるべき賃貸住宅であるが、税金対策という動機で賃貸住宅が建てられ続けている。需給バランスが崩れた賃貸住宅市場は、今後大きな問題を抱えることは目に見えている。
>
> 　下町地区のように、これまで賃貸併用住宅が当たり前のようにつくられてきた、都心に近く利便性が高い場所でも、賃貸併用住宅は、今後リスクを伴う事業であることを再認識すべき時代を迎えている。
>
> 総住宅数における空き家の割合（出典：総務省統計局HP「平成25年住宅・土地統計調査（速報集計）結果の要約」）

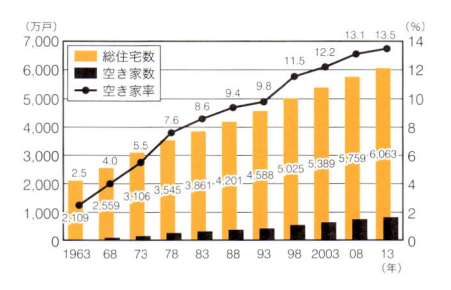

＊1：現在のような空き家が増え続けている状態でさえ、新築の賃貸住宅をつくり続けていることで成り立っている産業構造そのものが問題であると考えられる。
＊2：筆者は、以下のソフトを活用している。[ランド・プランニング・スタジオ 賃貸収支ソフト]で検索

2章　設計のルールとポイント　　79

Keyword ㉝ ■デザインのバリエーション

狭さを克服するデザイン

　住宅や店舗やビルが、高密度に混在して建っているような地域では、敷地面積が10坪（33m²）から20坪（66m²）程度の狭い敷地が多く存在する。このような狭小地に、建築される住宅の設計における第一のテーマは、狭さを克服するデザインである。

　ここでは、狭小地住宅における狭さを克服するための設計のアイデアをまとめてみた。

空間を立体的に使う

　狭小地住宅の建設される場所の用途地域は、一般的には商業地域、近隣商業地域、準工業地域などである。これらの地域では、道路斜線や高度斜線などの高さ方向の規制は、規制の限度まで建てない限り、郊外住宅地で適用される高さ規制に比べて制限は緩く、室内の天井高や建物の高さは比較的ゆったりと確保できることが多い。

　そのため、天井高を上げたり、吹き抜けをつくったりして、縦方向の室内空間を自由に設計することができる。特に最上階をLDKにする場合には、天井を高くしたり、吹き抜けでハイサイドライトを取ったりすれば、開放的で、広々と感じることができる室内をつくることが可能である。

case 1　SB-HOUSE　設計事例01

　前面道路が33mと広いので、道路斜線や高度地区など高さ方向の規制には余裕があった。そのためここでは、屋上と4階のリビングを、北側のハイサイドライトでつなぎ、空間を立体的に構成した。屋上からは、ハイサイドライト越しに4階の

図2　ハイサイドライト見上げ

図1　ハイサイドライトで4階と屋上をつなぐ

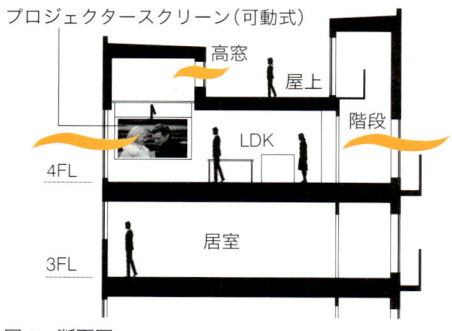

図3　断面図

室内の様子を見ることができるので、室内外に空間的なつながりができた。屋上は物干しや子供の遊び場などに活用されている（図1〜図3）。

一つの空間を、多様に使う

狭小地住宅を広々と感じさせるには、一つの空間を、さまざまな用途に使うことが効果的だ。たとえばこのような考え方は、玄関でもあり、接客スペースでもあり、自転車置き場でもあり、物置でもあるような、1階の土間空間などがイメージしやすいと思う。このように空間を多様に使うという考え方は、狭小地住宅を少しでも広く感じさせる方法であり、狭小空間を豊かにしてくれる。

必要な居室を足しあわせてできる空間の総体では、概して大きくなりすぎ、その結果、狭小敷地の中では納まらなくなりがちである。不動産用語で、何LDKという言葉があるが、この考え方がこれにあたる。これは、部屋を足しあわせて何部屋あるかという指標であり、狭小地住宅を計画するときには、この考え方は捨てるべきである[*1]。

case 2　NA-HOUSE　設計事例 09

この事例では、キッチンを2階のフロアの中心に配置し、その周囲にダイニングスペース、家事スペース、リビングが配置されている。キッチンを中心に多様な使い方のスペースとなっているので、狭小地住宅の空間の使い方として典型的な事例である。

幅は180cmと狭いが、奥行きが90cmあるキッチンのステンレス天板は、料理のときだけでなく、スツールを使っての食事用テーブル、子供の勉強スペース、洗濯物をたたむ台など多様なシーンで使われてる。このアイランド型のキッチンは、周囲を廻遊できるような配置であり、行き止まり感を感じさせないことも広さを感じさせるデザイン手法である。このキッチンは家の中心であり、かつシンボルでもある[*2]（図4〜図6）。

図4　多様な使い方が可能なLDK

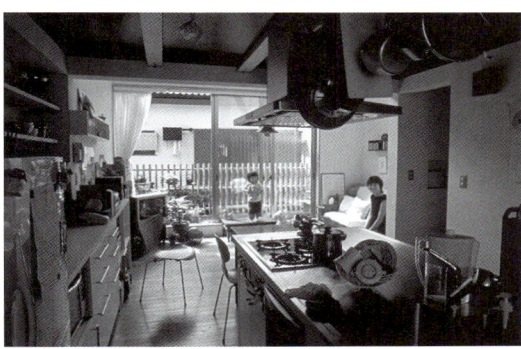

図5　ぐるっと回れる楽しいキッチン

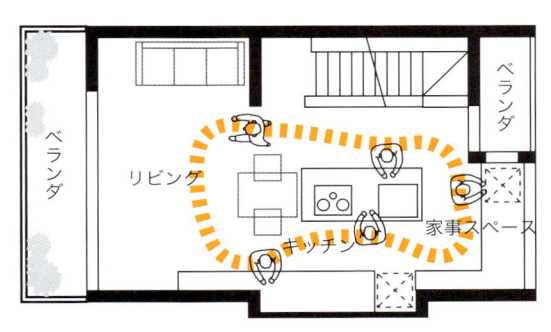

図6　2階平面図　生活はキッチンを中心に営まれる

---

*1：室名の付け方によっては、名前に引きずられて、その空間の使い方が限定されてしまうことがある。たとえば玄関と名付けると、靴脱ぎ場と限定されてしまうことは前述の通り。
*2：この住宅のキッチンの作業台は、既製品ではなくこのスペースに合わせて大工がつくった。

2章　設計のルールとポイント　　81

Keyword 34　　■デザインのバリエーション

広がりを感じさせるデザイン

　狭小地住宅において、宿命的な室内空間の狭さを、実際の面積以上に感じることができるような、設計のアイデアやコツをまとめてみた。

行き止まり感をつくらない

　狭さを感じさせない設計のコツの一つに、「行き止まり感をつくらない」という手法がある。行き止まり感をつくらないとは、実際には行き止まりなのだが、その向こう側に、何かがあることを感じさせることだ。これは「抜けている感じ」と言い換えてもよいが、壁で囲まれた狭い空間の外側に、意識が向かい、その空間以上の広がりを感じられるようにつくることである。

　たとえば、エレベーターでも、窓がまったくない閉鎖型のものと、ガラス張りのものがあるが、同じ広さの室内で感じられる圧迫感は両者でまったく異なるのと同じである。

case 1　HT-HOUSE

　階段を下りた突き当たりに、大きな磨りガラスの開口部を設けた。そのため、人は階段の昇降時には、明るいガラスの向こう側の気配を感じることによって「抜けている感じ」を受ける。ガラスの向こう側は公共の道路であるが、視線はシャットアウトしているので、プライバシーは守られている。また開口部の脇には、大きな鏡を設けたので、この鏡が奥行き感をさらに演出し、相乗的な効果が出ている[*1]（図1）。

case 2　TD-HOUSE　設計事例08

　階段室の脇の壁を、FRPグレーチングで立ち上げ、子供が落下しないような安全対策をしているが、同時に透明感を演出している。この住宅はRC造であり、堅牢な壁でできているため、室内に閉塞感ができやすいので、これを柔らげる効果も狙った。階段の向こう側にある開口から、間接的な光がこちら側に差し込む（図2）。

家具のようにつくる

　狭小地住宅を設計するときには、小さな住宅を設計しているというよりも、大きな家具を設計しているという意識でデザインを行うとよい場合がある。小さな住宅では、既成の家具では、サイズ的にフィットしないことも多いので、家具も家の一部として設計し、小さな空間に無駄が生じないように設計することが有効である[*2]。

case 3　NA-HOUSE　設計事例09

　この住宅では、広さを感じさせるための工夫として、収納には扉をつけずに棚だけとした。

　これは、建て主のアイデアだが、扉があれば扉面が室内側に迫ってくるし、またコストも掛かるので、それなら棚だけにして、ものを見せてしまうという、逆転の発想でつくられている。その分、収納の奥側の壁をタイルで楽しんだり、置くものを選び、丁寧にレイアウトすることを楽しむことも可能である（図3）。

スキップフロア

　スキップフロア形式とは、階段の半階ごとに床面が形成されている住宅の形式だ。各床（ゾーン）の高低差が半階なので、各床（ゾーン）間の距離が縮まり、住宅の室内空間に、一体感ができる。その結果、空間は途切れずに広々と感じる。

case 4　HM-HOUSE

　スキップフロア形式の階段の向こう側が透けて見え、視線の先は、向こう側まで及ぶ。またこの階段室は、階段自体に腰掛けて、読書スペースとしても使っている楽しい空間だ（図4、図5）。

図1 階段と開口と鏡（上）、階段見下げ（下）

図2 階段と手すり（FRPグレーチング）　光が差し込む

図3 収納を楽しむ　皿や瓶やフライパンをレイアウト

図4 スキップフロア形式の階段　向こう側が見える

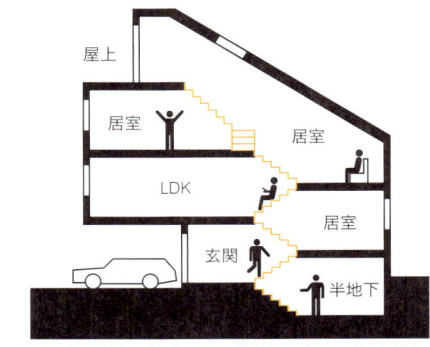

図5 断面図　各ゾーンの距離が近く一体感がある

＊1：さりげない鏡と緑は、建て主が入居後に配置したものだが、このように建て主にデザインの意図を理解してもらえることは、設計者として、とてもうれしいことである。
＊2：家具のようにつくるといっても、つくりすぎは禁物だ。狭小地住宅にとって、さまざまな生活のシーンに対応できるような空間のフレキシビリティは重要だ。

2章　設計のルールとポイント　83

Keyword ㉟　　　　　　　　　　　　■デザインのバリエーション

自然を取り込む

　狭小地住宅の建つ地域は、高いビルや住宅が密集している場所が多い。だからこそ、少しでも自然を感じることができるように、太陽の光、自然の風、緑などが欲しいものである。ここでは、都市の狭小地住宅において、自然を楽しむための設計のアイデアを紹介する。

ハイサイドライト

　狭小地住宅は、郊外の普通の家と比べると、隣の建物が接近しているため、自然光や通風を取るためには、工夫が必要だ。ここではハイサイドライトについて紹介する。

　高い場所からの採光という意味では、トップライトという方法もあるが、筆者はハイサイドライトを多く使うようにしている。その理由は、ハイサイドライトの外側に、自然遮光が可能な庇を設けることができるからである。

　庇があれば、南面の夏の強い日差しを自然にカットできるので、良好な室内環境を維持することができる。また雨水や埃が直接ガラス面に当たりにくいので、汚れ防止の役目も果たす。

　一方トップライトは、採光面としては直接太陽光を取り入れることが可能であるが、夏期には太陽光を直接受けて室内温度が上昇するので、遮光対策が必要だ。またトップライトは冬期の結露や放射冷却現象にも注意が必要だ。

　ハイサイドライトは、手動または電動で窓の開閉が比較的しやすい。そのため自然通風を容易に得ることができるので使いやすい。　Keyword ㊶

図1　日射を制御できる庇付きハイサイドライト

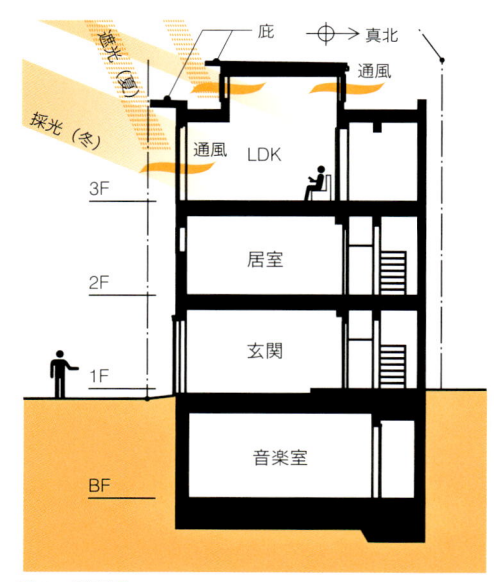

図2　断面図

case 1　KT-HOUSE　設計事例04

　事例は、3階建ての狭小地住宅であるが、建物上部の高さ制限にゆとりがあったので、最上階のLDKの一部の天井を高くして、南面と北面でハイサイドライトを配置した。南側は庇を設けているので、夏期には遮光が可能である。また北面のハイサイドライトからは、穏やかで安定した北側の自然採光を得ることができる[*1]（図1、図2）。

中庭とバルコニー

　中庭を設けるためには、敷地に多少ゆとりが必要であるが、家の中心が大きくぽっかりと空間ができるので、自然採光や自然通風の効果は絶大だ。

　また居室に面してバルコニーがあれば、掃き出し窓を設けることができるので、大きな開口からの明るい採光を得ることができる。

case 2　HM-HOUSE

　3階建ての狭小地住宅である。この中庭の大きさは 2.5m × 2.1m と小さいものであるが、1階まで光がよく入り込む。この住宅では、階段室が中庭に接しているので、階段室全体が明るく、家の隅々まで光が差し込んでくる。

　建ぺい率の関係で、敷地一杯の建築はできなかったので、居室に隣接して、大きなバルコニーを設けた。天気の良い日は、居室と一体的な利用が可能であり、食事スペースやくつろぎのスペースになる（図3、図4）。

屋上庭園

　屋上庭園は、周囲は高いビルで囲まれていても、オアシスのような場所である。

case 3　SY-HOUSE

　3階のリビングの北側に接して設けられた小さな屋上庭園を楽しんでいる事例である。この事例では、造園家が設計から施工、メンテナンスまで関わっている[*2]（図5）。

図3　中庭　自然光を家の真ん中に落とす

図5　屋上庭園　四季の草花を楽しむ

図4　リビングとベランダが一体化

＊1：写真のハイサイドライトの右側に見える小窓は、電動で簡単に開閉することができる。小さな窓でも、自然換気ができるので心地よい風が室内を通る。
＊2：四季の草花が咲く観賞用の屋上庭園である。このような庭園を維持するには、造園のプロによるメンテナンスが必要である。

Keyword ㊱

■ デザインのバリエーション

外部環境と向き合う

　都市住宅における外部環境に目を向けると、河川や公園のような、まちの財産となるような環境もあるが、交通騒音や煤煙などネガティブな環境もある。これらのさまざまな外部環境に対して、デザインしてどのように向き合うか考えてみる。

視線の先には

　窓の位置や方向などを工夫することで、家自体は狭くても、窓の向こう側へ視線が広がり、住み手の目を楽しませてくれる。

case 1　KI-HOUSE　運河　設計事例 02

　建て替え前、この住宅は、南側の河川に背を向けるようにして建っていた。その理由は、この運河の上部には高度成長期にできた高速道路が走っており、また水質の悪化などから、河川側には負のイメージがあったからである。

　しかし高速道路は、水面からかなり上を走っていて、季節や時間帯で、水面には十分な日照がある。そこで、建て替え時に思い切って1階を水路側に開く提案をし、実現することができた。

　外部には、1階の居室に隣接して河川の堤防際までテラスを設置した。天気の良い日には、開放的な水路空間を楽しむことができる[*1]（図1）。

図1　運河からの採光と眺め（上：建て替え前）

case 2　YA-HOUSE　大きなクスノキ

　住宅の裏側は公園に面していて、大きなクスノキが一本立っていた。階段室はクスノキに面して設置したので、上り下りのときにクスノキを眺められる。この美しい樹木は四季を通して居住者の視線を楽しませてくれる。このような環境は、都心では貴重だ（図2）。

図2　大きなクスノキの眺め（上：公園側から）

物干し場をどこにするか

　外部環境との関係という意味では、都心の狭小

住宅では、洗濯物干し場をどこに確保するかという問題がある。敷地一杯に建っていることが多いので、日照や美観のことを考慮すると、物干し場の設置には、悩まされることが多い。

case 3　SB-HOUSE　設計事例01

この住宅は、南面が交通量の多い幹線道路に面しているので、サンルームと名付けた室内物干し場をつくった[*2]。

建て主夫婦は共働きなので、家事を効率化したいという要望もサンルームを設置した理由である。このサンルームは、窓を開放すればバルコニーとなり、閉めれば外の埃が入らない温室になるような、いわば半外部的なスペースである。浴室の近くに位置し、隣に家事室もあるので、効率的に洗濯から衣類収納への作業を進められる。これらのスペースのレイアウトは、家事時間が限られた共働きの家族ならではのものと言える（図3）。

図3　半外部的なサンルーム（室内物干し場）

騒音対策として

狭小地住宅が建つ場所は、騒音源になるような道路や線路などが近くにある場合が多い。ここでは、建築デザインの要素として、騒音対策を行った事例を紹介する。

case 4　ON-HOUSE

RC造のこの住宅は、隣接する立体駐車場の騒音を軽減するために、建築の一部に界壁として袖壁を設けた。またこの住宅は立体駐車場を介して、広い線路に面している。この敷地は工業地帯に近い場所なので、通過する貨物列車の本数が多く、列車が通過するときには、かなりの騒音になるが、この袖壁はこの鉄道からの騒音対策も兼ねている。またコンクリート打ち放しの袖壁は、この住宅を特徴づけるファサードデザインにもなっている（図4）。

図4　袖壁のデザイン（下：遠景）

[*1]：都市の水辺空間は貴重な存在だ。上部の高速道路の足下の空間にも、日中はかなり日が差し込み、心地よい。もともと江戸は水運都市であり、多くの掘割が現在も貴重な水際空間として残っている。この運河は現在、親水空間として整備が進行中だ。
[*2]：このサンルームは、はじめはバルコニーとして提案していたのだが、前面道路からの煤煙を考えて、サッシで開閉できるようにした。なお床は雨水が吹き込んでもよいようにタイル仕上げにしている。

Keyword ㊲　　■デザインのバリエーション

まちに開くスペース

狭小地住宅は、住宅密集地や商店街などに多く建築される。これらの地域は下町と呼ばれ、住まいとまちが密接な関係にあるのが特徴だ。

"まちが住まい"という意識

下町の住宅の特徴を一言でいうと、"住宅自体は小さいが、まち全体が、自分たちの住まいである"という意識で成立していることだ。

まちの住人は、まちという大きな広がり全体を、自分たちの住まいと意識しているので、住宅自体は狭くても、楽しく豊かに暮らすことができる。

このことは、郊外の普通の住宅と比較するとわかりやすい。郊外に建つ一般的な住宅は、下町の住宅とは対照的に敷地境界線の中で、デザインが完結したものが多い。ここでは、まちと住宅は関係を持たないことが一般的だ。

まちと住まいが密接な関係にあるとは、住宅がまちに対して開いているということでもある。隣人や知人などを受け入れるための住宅のデザインには、さまざまなバリエーションがある。ここで筆者が設計した事例を紹介する（図1）。

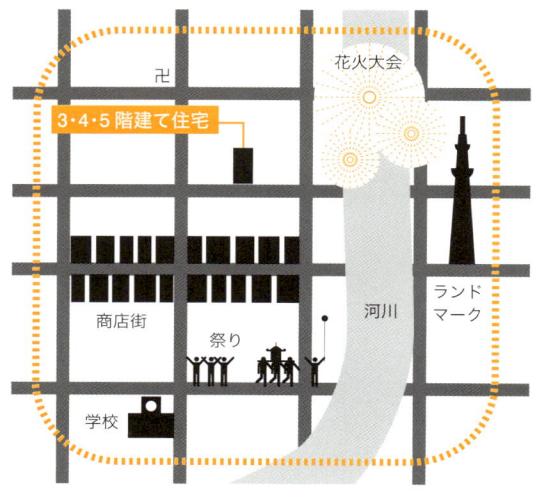

図1　"まちがすまい"のイメージ図

ミニライブが開けるピアノスタジオ

case 1　KT-HOUSE　設計事例04

KT-HOUSEには、地下にミニライブを開くことができるピアノスタジオがある。この地下スペースは、プロのピアニストであるKTさんのピアノスタジオだが、月に1、2回程度、近隣の人や友人などを中心に、少人数が集うミニライブを行っている。住宅自体を閉鎖的にしないで、人を受け入れるスペースを用意することは、まちに開か

図2　地下ピアノスタジオとアプローチ階段

図3　地下ピアノスタジオでのミニライブの風景

図4　小さなギャラリーが、地下ピアノスタジオへの入口

れた住まいのづくりの基本である*1。

　住宅の中で、社会性の強いスペースを、まちに対して開いていくことができれば、まちはオープンで、もっと楽しいものになるはずだ。そういった意味でこのピアノスタジオは、この住宅の中で、一番社会性が強いスペースである。下町の住人には、まちと人の交流を通して、生活を楽しむ姿勢があるので、こういったスペースが生きてくる（図2～図4）。

小さなギャラリー

　このKT-HOUSEの1階には、小さなギャラリーがあるが、ミニライブが開かれるときには、このスペースで休憩してから、地下のライブスペースへアプローチできるようになっている。

　またここでは、小物や雑貨の展示販売も行っている。このスペースは、道路から眺めることもできるので、道行く人々の目を楽しませてくれる。

　このギャラリーが外から見えることで、まちと住宅の距離が少し縮められている*2（図5、図6）。

まちと川に開いた多目的室

case 2　KI-HOUSE　設計事例 02

　この住宅の1階には、多目的室がある。この多目的室は、主に家族が使う居間だが、知人や近所の人が集まってくるスペースでもある。このスペースを使って、KIさんは学習塾を開いていて、近所の子供たちも集まってくる。

　実はこの住宅には、コンパクトな家族専用のLDKが3階にあり、この1階の多目的室は、3階のLDKから距離を取ったスペースである。だから家族以外の人にとってもセミオープンで近づきやすい空間になっているのが特徴だ。

　このスペースは運河に対しての展望も開けており、テラスの緑も手入れが行き届いて日中は非常に気持ちのよい空間になっている（図7、図8）。

図5　1階の小さなギャラリー（土間空間）

図6　地下へのアプローチ階段と1階のギャラリー（右側）

図7　運河を見渡せる多目的室

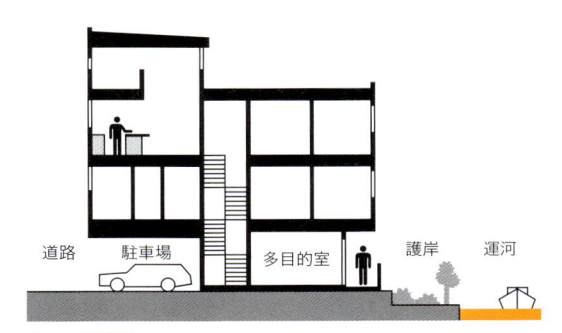

図8　断面図

*1：このピアノスタジオは、普段はプロのピアニストであるKTさんのピアノ練習場である。音響効果を考えた仕上げや除湿器の設備などが整っている。
*2：この住宅の玄関は、引き戸になっていて、開け放しておくことができる。透明ガラスを使っているので、室内を見ることができる。この住宅の中で一番、まちに近いゾーンであり、小さなギャラリー、ピアノ・スタジオのホワイエ的な役割もある。

Keyword ㊳ ■デザインのバリエーション

まちへ投げかけるデザイン

　下町の住宅は、まちと密接な関係にある。住宅とまちとの関係の中で、まちに対して投げかけられた住宅デザインの事例を紹介する。これらのデザインの基本的なスタンスは、まちに積極的に参加する意識が根底にあることだ。

　まちとの関わりを捨てて、住宅が自閉的で自己完結したデザインになると、まちも閉鎖的になりがちだ。住宅自体で自己完結した内向的なデザインの住宅が集合しても、まちは豊かにならないことを、設計者は意識すべきだ*1。

まちへ投げかけられたデザイン

　まちを明るく、楽しくしていくようなデザインの投げかけの事例である。一つ一つの小さなデザインが積み重なれば、まちが少しずつ元気づけられ明るくなるはずである。

case 1　KI-HOUSE　設計事例02　木の壁

　この住宅が建つ地域は、倉庫や事務所が多く、無期的な表情の建物が建ち並んでいる。

　ここに4代に渡って住む大家族が、住み継いできた木造住宅を、現状の法律に適合する鉄骨造・耐火建築物の住宅に建て替えた。

　このような無機的なまち並みに、少しでも人が住んでいる住宅の暖かみを表現したかったので、壁面の一部に米杉を使ったデザインを行った。実は、この木板が張ってある壁面は、ホームエレベーターの背面になる部分なので、窓をつくることができない。窓がない大きな壁面は、まちに対して無表情になるので、それを少しでも和らげるために優しい表情の木板を使った壁面とした（図1）。

case 2　AB-HOUSE　設計事例03　木の庇と花台

　庇は、日影をつくることで日除けとなったり、雨宿りの空間を提供してくれる。花屋の店舗併用住宅であるこの住宅は、1、2、3階の窓に米杉材で仕上げた日除けの庇を、また2階の窓に花台を設けた。1階は生業の花屋なので、生花の日除けや室内の西日除けのためにこの庇をつくったのであるが、のっぺらぼうになりがちなALC建築の正面に、陰影の表情ができた。季節の花を設えることができる2階の花台は、店先の花や緑とともに、歩行者の目を楽しませてくれる（図2）。

case 3　KT-HOUSE　設計事例04　木の袖壁と庇

　このRC造3階建ての住宅の庇と袖壁は、米杉材で仕上げられている。この袖壁と庇は、住宅のファサードに陰影をつくってくれるし、夏期の太陽光に対しての遮光の役割も担っている。また無機的でのっぺらぼうになりがちなRC造の壁面の表情を柔らかくしてくれる（図3）。

case 4　SB-HOUSE　設計事例01　玄関廻りのデザイン

　狭小住宅が建つ地域は、事務所ビルや倉庫、駐車場などが混在するまち並みであることも多い。こういった無機質なまち並みに埋没しないために、ファサードは住宅らしい表情を演出することを心がけている。

　住宅らしさとは、抽象的な言い方かもしれないが、ドアや窓の表情やディテールに現れてくる。特に、玄関廻りは、歩行者空間からよく見えるので、住宅らしさを表現するためのとても大切な場所である。

　この住宅では、玄関廻りを米杉材で仕上げ、玄関ドアの脇にガスや電気のメーターを木の扉の中に納めている。ちなみに、玄関の中に広い土間空間を設け、普段は自転車置き場としているので、玄関前はいつもすっきりしている（図4）。

Keyword ㊵

図1　木の壁　裏面はエレベーターシャフトなので、窓がない

図2　木の庇と花台　通行人の目を楽しませる

図3　木の袖壁と庇　太陽光をコントロールする

図4　玄関廻りのデザイン　住宅らしい優しい表情

＊1：一般的な郊外住宅は、まちと関わらずに、敷地境界線の中で自己完結したデザインでつくられがちで、内向的なデザインの住宅と言ってもよい。そもそも住宅だけが集合したような地域は、まちを形成しているのかという疑問が残る。これは、日本の都市計画上の問題でもある。住宅だけでなく、店舗や事務所や町工場などが適度に混在しているまちには活気がある。

Keyword ㊴ ■デザインのバリエーション

リノベーションという住み方

近年、都心への居住を希望する人々が増加する傾向が強くなっているが、視野を広げてみれば、いろいろな形態の家づくりがあることに気がつく。近年では、そのための手法として、新築だけでなく、古い建物を活用して都心に住むという家づくりの方法も増えてきた。空き家や空きビルを再生して、住宅として上手に住むという設計手法は、今後ますます増加するであろう。

ここでは、新築ではない住宅をつくる手法を整理してみる。リノベーションという言葉が流行しているが、それを、古い建物を活用して新たな居住空間を生み出すデザイン手法と捉えている。用途変更を伴うコンバージョンも古い建物を活かす一つのデザイン手法である。

小テナントビルを住宅に

ここでは、テナントビルを住宅に用途変更した事例を紹介する。築28年の古い小さな3階建てのテナントビルを、住宅としてコンバージョン＆リノベーションした事例である。

case BT-HOUSE　設計事例 05

古いビルは、1階は不動産事務所、2階が飲食店、3階は事務所という構成で使われていた。敷地面積は85m²であり、各階の床面積は、約38m²である。この大きさのビルは、都心やその近郊に多く存在するが、空き室が多かったり、一棟空きビルとなっているものも目につく。しかしこれは、住宅という用途に丁度よい広さである。

コンバージョン＆リノベーションデザインを行うには、住み手がこのような空間に住みたい、こういう地域に住みたいという想いが出発点になることが多い。設計者は、住み手の希望やイメージが具現化できるような、空きビルや空き住宅を探すという手順が必要になる。一般の人にはなかなか最終形がイメージできない古いビルでも、設計者は創造力を駆使して、磨けば光る空間を見つけ出すことが可能だ。

建て主は、住宅内に生花を加工販売するアトリエが欲しいという生活形態を、新しい住宅に求めていた。この条件で、古い建物を探していたのだが、ちょうどこの古いビルの建築構成が、建て主の重視する生活形態にぴったり符合した。

古いビルは、単純な鉄骨造の建物だったので、ほぼスケルトン状態にすることで、まったく新しい住宅に再生した（図1〜図4）。

マンションのリノベーション

古いマンションを購入し、内部間仕切りや設備を撤去してスケルトンにして、新たにプランニングを行うリノベーションが増えている。

都心の古くなったマンションは、新築のマンションを購入するよりも安価で購入できることが魅力である。また、住み手が自分好みのインテリアにリデザインすることができるのも、大きなモチベーションになっていて、自主性の意識が高い建て主を中心に増加傾向にある。また、ある程度古いものを、よいと感じる価値観が、このようなリノベーションを支えていると感じられる[*1]。

耐震改修という手法

古い住宅密集地において、古い木造住宅にそのまま住み続けていく手法として、建て替えではなく、耐震改修という選択肢がある。都市計画的には、不燃化への移行を早めたいところであるが、その前にともかく耐震的な強度を確保することが必要だという判断である。

耐震改修に関しては、各自治体で助成金が出ている場合が多い。表1に東京都墨田区の耐震改修に対する助成金の事例を示す。

図1 外観　以前は典型的な雑居ビルであった

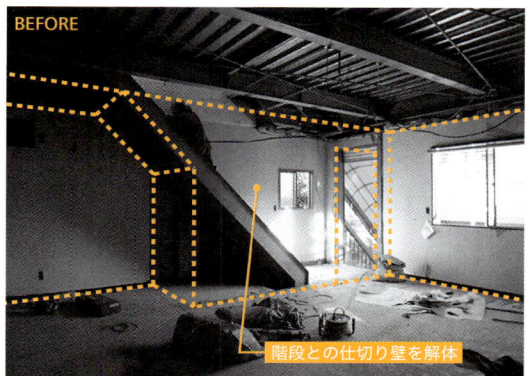

図2　2階LDKインテリア　スケルトンを活かしたデザイン

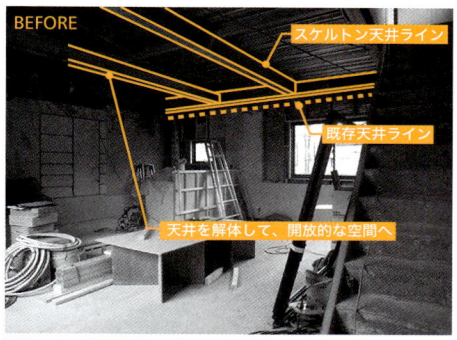

図3　スケルトンから再構成したインテリア

表1　墨田区耐震改修助成金（2015年度）

助成対象工事等	地区	助成対象者	補助率	限度額
耐震改修計画作成	墨田区全域	一般及び高齢者等	1/2	5万円
簡易改修工事	緊急対応地区内	一般	1/2	60万円
		高齢者等	2/3	80万円
	緊急対応地区外	一般	1/3	40万円
		高齢者等	2/3	80万円
耐震改修工事	緊急対応地区内	一般	1/2	80万円
		高齢者等	2/3	100万円

助成金の限度額は2014年10月1日以降の助成金の交付申請から適用

図4　平面図

＊1：最近の建て主は、ピカピカの新品の住宅ではなく、少し時間が経過した家具や雑貨、古材を好む傾向が出てきたようだ。リノベーションを好むような人たちは、住まいのデザインにおいて、時間という概念を大切にしている。新築の設計においても、時間が経過すると、徐々に味わいが出てくるような左官材料や木材などが見直されているのも、同じような傾向だと思う。

2章　設計のルールとポイント　93

Keyword ⓼ ■設備のアイデア

設備機器の置き場

狭小地住宅の設計において、外部の設備機器をどこに置くかは、特に重要である。また各種のメーター設置場所も、あらかじめきちんと決めることが綺麗にまとめるコツである。

外部に置かれる設備類

外部に置かれる設備関係の機器類を整理すると表1のようになる。狭小地住宅においては、建物の外部にゆとりがないので、これらの機器類をどこに配置するかという点は、基本設計の中で十分に検討すべきである（表1）。

【ガス設備】

ガス給湯器の設置場所は、キッチンや浴室との距離や高低差、及び周囲の有効空き寸法に注意して決める。給湯を使うキッチンが4階以上にある場合には、給水圧を考慮して、3階以上に給湯器を設置するか、加圧ポンプを設置する必要があるので注意が必要だ。

【エアコン設備】

エアコンの室外機の設置場所は、室内機との距離や高低差を考慮して決める。ファンの吹き出し方向には、ショートサーキットが起こらないように、障害物がない場所に設置する[*1]。

【給排水給湯設備工事】

加圧ポンプが、必要なときは設置場所を決める。その他、排水経路については、ルートや勾配を考慮して決める。特に床上排水の場合には、排水管の勾配を考慮した床下寸法の確保が必要だ。

【電気設備】

電線の引き込みの位置は、前面道路の電線や電柱の位置を考慮して決める。併用住宅の場合は、引き込み開閉器の設置が必要だ。

【メーター】

ガス、水道、電気のメーターは、検針で見やすい場所にまとめる。ただし、メーター類が目立たないような工夫が必要だ[*2]。

設備専用のベランダ

狭小地住宅は、設備を設置する専用のスペースを確保すれば、設備のメンテナンスや更新時にも便利である。

case 1　TG-HOUSE

敷地41m²の5階建てのこの住宅には、階段室に隣接して、幅1.8m×奥行き0.6mの設備置き場を各階に設けた。ここには、エアコンの室外機、ガス給湯器が置かれている。また残余のスペースは、ゴミの一時置き場になっている。外部には、木製の縦スリットが設置され、道路側からは直接的に機器類が見えないようにしている（図1）。

case 2　SB-HOUSE　設計事例01

住宅の裏側で、玄関側の表から見えない位置に、設備置き場専用のベランダを設けた。ここにはエ

表1　狭小地住宅の設備設計の注意点

	ガス設備	エアコン設備	給排水衛生設備	電気設備
主な設備機器	ガス給湯器	室外機	加圧ポンプ	引き込み開閉器
設備の注意点	・大きさと設置場所 ・設置基準 （周囲の空き寸法）	・大きさと設置場所 ・ショートサーキット （周囲の空き寸法）	・大きさと設置場所 ・給水圧力の確認	電線引き込みの位置
メーター	ガスメーター（検針）		水道メーター（検針）	電気メーター（検針）
配管時の注意点	・室内配管ルート ・敷地内配管ルート	・隠蔽及び露出配管、ルート ・冷媒管と排水管	・室内床上下排水ルート、PS ・敷地内排水ルート（室内外）	配線配管ルート

アコンの室外機、ガス給湯器が置かれ、ゴミの一時置き場も兼用している。大通りに面した玄関側からは、設備類が見えないようにしたので、外観の美しさを保つことができた（図2）。

またこの住宅では、玄関の脇にガスメーター、電気メーター、水道メーターを玄関脇にまとめている。ガスメーターと電気メーターは、通気性のある木製の扉で隠し、通常は来客や通行人から見えないように配慮している（図3）。

集合住宅には戸数分の水道メーターが必要になる。しかし地上に、多くのメーターボックスを並べると、かなりのスペースが必要であるし、見た目も良くない。そのため数戸の集合住宅の場合には、水道メーターを縦置きのキャビネットに納めることができる（東京都の場合）。縦置きにすることで、スペースを必要とせず、なおかつすっきりとボックスに納まる（図4）。

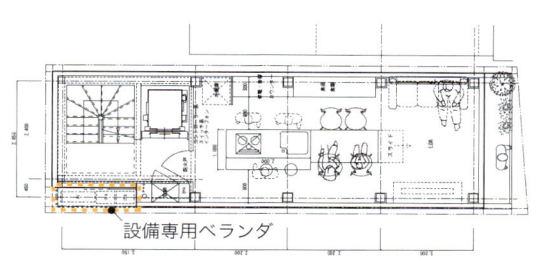

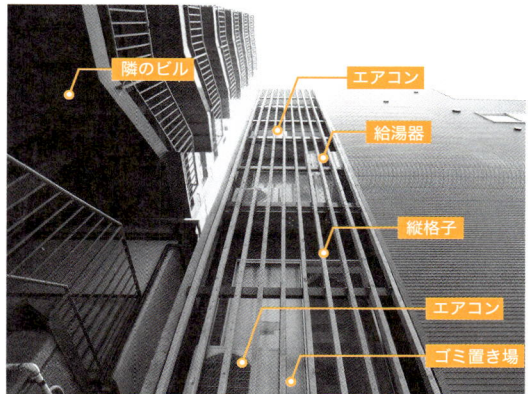

図1　設備専用ベランダ

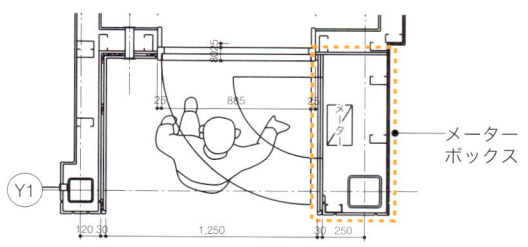

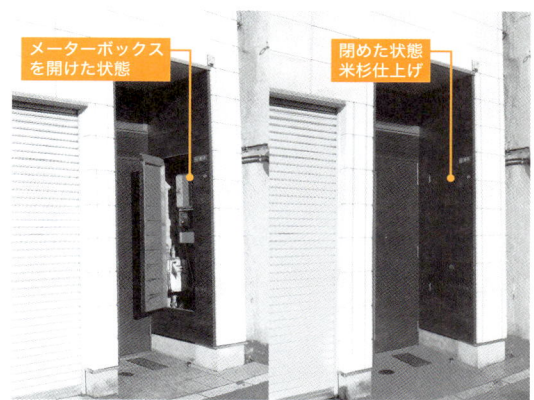

図3　玄関廻り詳細図とメーターボックス

図2　裏側に設備専用ベランダを設けた

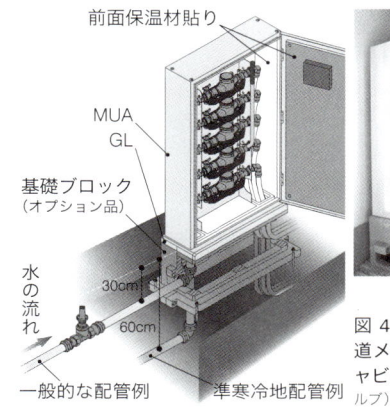

図4　集合住宅用水道メーター（縦置きキャビネット）㈱日邦バルブ

＊1：外部の置き場所に困るのが、エアコンの室外機だ。事前にしっかり設置場所と配管のルートを決める必要がある。
＊2：近年、都市ガスでは電話回線を使って検針できるシステムが使えるので、必ずしもメーターが玄関前にある必要がない。ただし有料サービスだ（東京ガスのマイツーホー）。将来的には電気、水道などとともに、自動検針システム（スマートメーター）化されるだろう。

2章　設計のルールとポイント

Keyword ㊶ 狭小地住宅の省エネ設計

■設備のアイデア

狭小地住宅は、都心の密集地に建築されることが多いので、太陽光や自然通風などの自然エネルギーを活用するには条件が悪い。このような都市の良好ではない条件下において、狭小地住宅に適用できる省エネ設計技術をまとめてみる。

建築デザインによる省エネ

まず基本的な建築要素のデザインで、実現できる省エネの事例をまとめてみた。簡単な庇や袖壁で日照をコントロールしたり、中庭で日照を家の奥まで取り入れるシンプルな手法を紹介する。

【ハイサイドライト＋庇】

庇が付いたハイサイドライトは、夏は庇によって遮光することができ、冬季には太陽光を部屋の奥まで引き込むことができて暖かい。効率的に日照をカットできるようにするには、庇の長さは、窓の高さの3分の1程度がよいと言われる。

図1は電動で開閉できる窓なので、室内の温度差を利用した快適な通風窓にもなっている。このハイサイドライトのデザインは、高度斜線や道路斜線などの高さ制限にゆとりがある都心の3階建て住宅ならではのものだ。

【バルコニー】

図2は庇と袖壁がついたバルコニーである。西日除けの袖壁は、デザイン的なアクセントになっている。また掃き出し窓ができれば、大きな窓からの採光が可能だ。

【木製窓庇】

図3は南面の庇と、西日除けの袖壁が合体したデザインである。この窓庇は、花屋の店先と住宅部分の窓に設置した。杉板の軒裏と袖壁にしたので、歩行者の目には優しい。

【中庭】

住宅の中心付近に設けられた中庭は、室内に万遍なく太陽光を運んでくれる（図4）。

図1　ハイサイドライト＋庇
外部の庇は季節によって日照をコントロールする

図2　バルコニー（庇＋袖壁）
大きな窓から居室に明るい採光を得られる

図3　木製窓庇（西日除け）
日照のコントロールとデザインが融合した窓庇

図4　中庭
中庭は各部屋に日照と通風を運んでくれる

図5　北窓からの採光
柔らかな安定した北側の光を取り入れる

図6　北側のトップライト
屋根採光で、窓がない中廊下に光を落とす

【北窓からの光】

北からの太陽光は、昼間に安定した照度の光を提供してくれる（図5）。

【北側のトップライト】

北下がりの屋根に設けられたトップライトは、室内の照度を安定して保ってくれる（図6）。

外皮の性能向上

ここでは、鉄骨造の住宅を例にして、外皮の断熱性能について整理してみる。

外皮の性能を上げるとは、断熱材の仕様を向上させることと、開口部の断熱性能、つまり熱抵抗値を上げるという2つの方法がある。

【断熱材】

一般的には充填断熱材が多い。厚みのほか、隙間が発生しないような工法が望ましく、グラスウール、ロックウール、セルロースファイバーなどがある。ただし木造準耐火構造や耐火構造の場合には、個別認定でグラスウールかロックウールに限定されている場合が多いので、注意が必要だ。

【開口部（サッシ）】

住宅全体の外皮を、熱の部位別の出入りで見ると、おおよそ、窓が40％　壁が20％、換気が20％、その他20％と言われている。住宅の断熱性能を改善するなら、まずは開口部の断熱性能を上げることが一番効果的だ[*1]。

【ビル用サッシの盲点】

狭小地住宅のサッシは、多くの場合防火設備が求められるが、鉄骨造やRC造ではビル用サッシを使うことになる。しかしビル用サッシは、木造用サッシに比べ、断熱性能が大きく劣る。また、構造上アルミ枠の結露も起きやすい。加えてビル用サッシの熱貫流率は、現状では各サッシメーカーの資料ではわかりにくい。これからは、ビル用サッシの断熱性能の向上が求められる時代である。

【熱橋について】

熱伝導率が高い鉄骨造の柱、梁の熱橋部分は冬季には外気温との温度差で結露が起こりやすいので、断熱処理をきちんと行うべきだ。

太陽熱を利用した温水パネル

狭小地住宅の場合、屋根面積が狭いので、屋根面を大きく使う太陽光パネルなどのシステムは設置することが難しい。

しかし、太陽熱を利用した給湯システムは、比較的小さなパネルで利用できるので使いやすい。

太陽熱で循環する水を温め、お湯をつくるというシンプルなシステムだが、混合器（ブレンダー）を介してガス給湯システムと一体的なシステムを組めば、太陽熱を利用した省エネ性が高い給湯システムができる[*2]（図7、図8）。

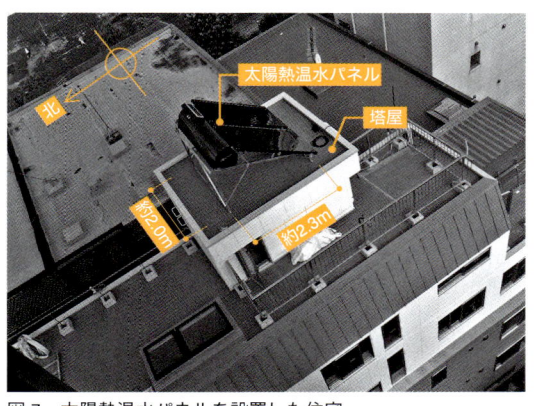

図7　太陽熱温水パネルを設置した住宅

図8　太陽熱温水システムイメージ図（提供：㈱ノーリツ）

[*1]：これまで、窓に表示される省エネのラベルは、ガラスとサッシが別々であったが、近年、窓全体としての熱貫流率のレベルで表示されるようになった。なお熱貫流率とは、単位時間あたりに通過する熱量のことである。
[*2]：Ⅳ地域の住宅において、年間に消費されるエネルギー量の中で、給湯で消費されるエネルギーは全体の約25〜30％と高い比率だ。そのため給湯を補完する省エネ設備は、全体として考えれば非常に効率的である。

Keyword ㊷

■工事段階のポイント

隣接建物が迫るとき

　密集地に建つ狭小地住宅の建築現場では、隣接する建物が迫っている場合が多い。このような場合に、設計上、もしくは工事において、気をつけたい点についてまとめてみた。

事前調査の注意点

　事前調査の時点で、境界線から隣接建物の距離を正確に把握する必要がある。ただし、極端に近接している場合には、解体前に隣接建物の側面を測定したり、見ることができないので、その場合には解体後に対応しなければならない。

　事前調査としては、隣接建物の外壁の位置や高さを調べる必要がある。

　隣接建物の窓の位置は、計画建物の窓とバッティングしないために、正確に計測する必要がある。換気扇の位置も同様だ。音や臭いなどの点についても、お互いに迷惑が掛からないような配慮が必要だ（図1、図2）。 Keyword ④

地下工事を行う場合

　狭小地住宅では、空間をより多く確保するために地下室を希望する建て主は多い。多くの狭小敷地では隣接建物が迫っており、その上できるだけ敷地いっぱいに地下室をつくることが多い。そのため、地下室の設計と工事には隣接建物への配慮が不可欠となる。 Keyword ㉚

1　地下室の外壁の位置

　地下室の構造は、一部の特殊な工法を除き、RC造が一般的である。地下室を、敷地内でできるだけ大きくつくるためには、敷地境界線から、地下の外壁の位置まで、どのくらい離せばよいかが問題となる。

　地下工事を行うには、まずはじめに、山留め工法を決める必要があるが、一般的には親杭松矢板工法である。

　この工法の場合、山留めの親杭の位置により、計画建物の外壁の位置が決まることになる。親杭となるH型鋼のサイズは、深さや土質をもとにした構造計算で算出される。H型鋼を挿入する穴を、アースオーガーで掘削するのであるが、アースオーガーの位置は、多少ずれることを想定して、余裕を持たせて決めておくべきだ。親杭の位置が決まれば、松矢板の位置が決まり、最終的に外壁の位置も決まる[*1]。

　この事例では、以上のような検討を行い、隣地境界線から地下室の外壁までの距離を300mmとした（図3～図6）。 Keyword ㊹

図1　間口が狭い狭小敷地

図2　古屋の解体後に全体像が判明した、図1の隣接ビル側面

2 事前の家屋調査

隣地建物が迫っている場合、地下室工事による地盤沈下や、工事中の振動による隣接建物への影響に備え、事前に隣接建物の家屋調査を行っておくことが望ましい。地下工事による隣接建物からのクレームに対処するために、第三者調査機関に依頼し、工事前の状況を、しっかりと記録しておくことが望ましい[*2]。

近隣への事前説明

工事では、隣家に迷惑がかかることが多いので、振動や騒音が出る工事については、特に事前の説明が欠かせない。その他、できるだけ、工程などの説明もこまめに行う必要がある。

隣接建物のオーナーは「お互い様」という意識を持っていることも多く、建て主の建築後の関係も考慮して、できるだけ丁寧な対応が必要だ。隣接地のオーナーだけでなく、少し離れた建物のオーナーにも同様の配慮が必要なときもある。

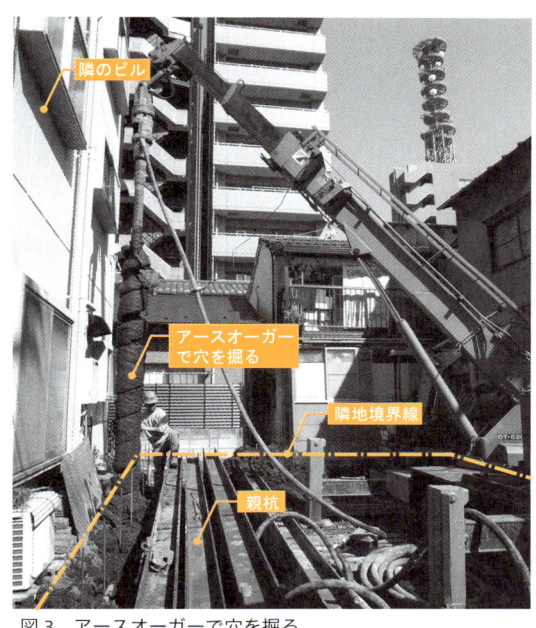

図3　アースオーガーで穴を掘る

図4　アースオーガーで開けた穴に親杭のH形鋼を挿入する

図5　掘削しながら、職人が松矢板をはめ込む

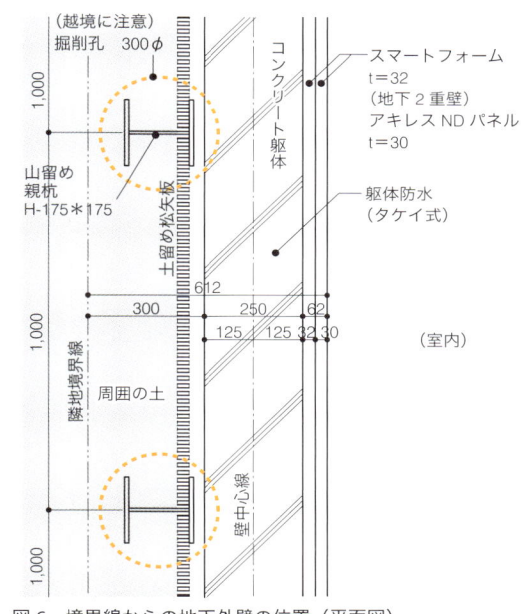

図6　境界線からの地下外壁の位置（平面図）

[*1]：隣接建物の距離は、アースオーガーの軸芯から、少なくとも400mm程度は離さないと工事が難しい。計画時に決めた地下室の寸法を、工事に入ってから変更することは難しいので、可能であれば、設計時に親杭の工事業者を含めた施工者と打ち合わせをして、親杭と隣地境界線の距離を定めたい。
[*2]：隣接建物のオーナーに、地下工事の内容をきちんと説明し、家屋調査の許可をもらうようにしたい。

Keyword ㊸ 狭小敷地と重機の関係

■工事段階のポイント

狭小敷地では、その狭さゆえに、工事用の重機のサイズや能力、また資材の搬入や置き場などが制限されることが多い。その結果、建築工事の方法が限定されることがあるので、注意が必要だ。

建築工事の方法が限定されることによって、建築工法や建築構造形式にまでその影響が及び、設計の根本的な原点に立ち返らなければならないこともある[*1]。

狭小住宅では、杭工事、山留め工事、建て方工事などにおいて、これらの問題に直面することがある。ここではまず、普段の設計では意識することが少ない工事用の重機をについて紹介する[*2]。

重機が建築工事に与える条件

狭小敷地の建築で、重機が計画に影響を与える主な条件は、以下の通りである。

1　敷地の大きさや形状

主に重機の旋回能力や、資材置き場と関係する工事がある。長い資材、たとえば既製杭(鋼管杭、PHC杭など)を、敷地内に搬入できるか、重機がこれらの資材を使い、敷地内で旋回しながら工事が可能かなどが問題となる。

ここでは、鋼管杭工法における、重機の仕様と能力を紹介する。間口が4m、奥行きが12mという敷地形状で、一部隣地を借りて、重機の旋回能力が限界に近かった例である(図1)。

図2は、狭小敷地における鋼管杭の施工で使われる重機の大きさと能力をまとめたものである。重機の大きさや旋回半径によって、施工の可否が検討される。

また現場造成杭の場合には、杭工事に必要な鉄筋籠や配管類、施工のためのタンクの設置場所など、敷地の中にある程度の広さが必要になる。

現場造成杭の工法は、敷地条件の差でBH工法とアースドリル工法を使い分ける。比較的小さな敷地では、小さな掘削機械を使うBH工法で工事が行われることが多い(図3〜図5)。 Keyword ⑳

2　前面道路の幅や形状

これらの条件は、重機の搬出入に影響を及ぼす。条件によっては、重機の大きさにも制限が出るので、事前の計画が大切だ。また、既成杭のように長い材料の搬出入についても事前の現地調査が重要となる。 Keyword ⑩

3　電線や電柱の位置

鉄骨や木造の建て方工事のときに影響が大きいのが電線や電柱の位置だ。ある現場では、4m以下の前面道路(2項道路)であり、かつ電線が敷地の間口に多数通っていたが、当初、建て主は鉄骨造を希望していた。しかしこの条件では大きな重機が必要な鉄骨造の建て方工事は難しいので、一つ一つの部材が小さく、人力の作業で可能な木造に変更したことがあった。

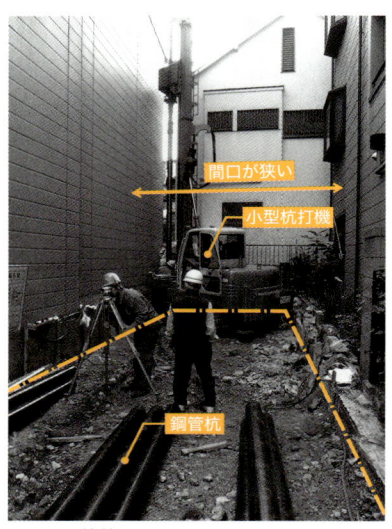

図1　鋼管杭工法の現場　間口が狭く、重機(小型杭打機)の旋回能力が限界に近い

機械一覧表

諸元			06タイプ	08タイプ
機械寸法	全幅（W）	(mm)	1,780（1,500）注1	1,950
	作業時全高（H1）	(mm)	4,590	8,620
	（短尺使用時）	(mm)	1,980	3,000〜5,950
	輸送時全長（L）	(mm)	4,300	8,050
	輸送時全高（H2）	(mm)	2,050〜2,390	2,770
	後端旋回半径（R1）	(mm)	1,850	1,950
	旋回中心〜掘削中心（R2）	(mm)	2,190	2,250
機械重量	標準装備重量	(kN)	66.0〜69.6	101.7
機械性能	オーガトルク	(kN·m)	40.3	41.6
	押込／引抜力	(kN)	49.0	45.5

注1：搬出入走行時

イラストと表は、小型鋼管杭打設用重機の能力や大きさを示す。重機の機動性を踏まえて、杭芯と境界線や隣接建物との距離を定める。また、工事には杭の長さと仮置き場のためのスペースを考慮する必要がある。

図2　鋼管杭工法　小型杭打機の仕様と能力（提供：㈱三誠）

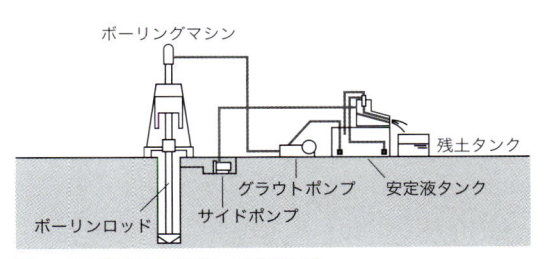

図3　BH杭工法の機械レイアウト図

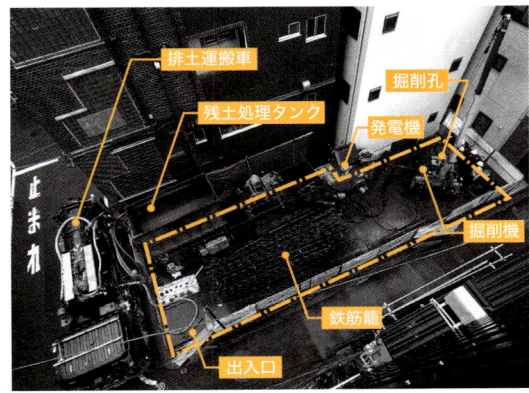

図4　狭小敷地のBH杭工法　作業スペースと資材置き場が必要

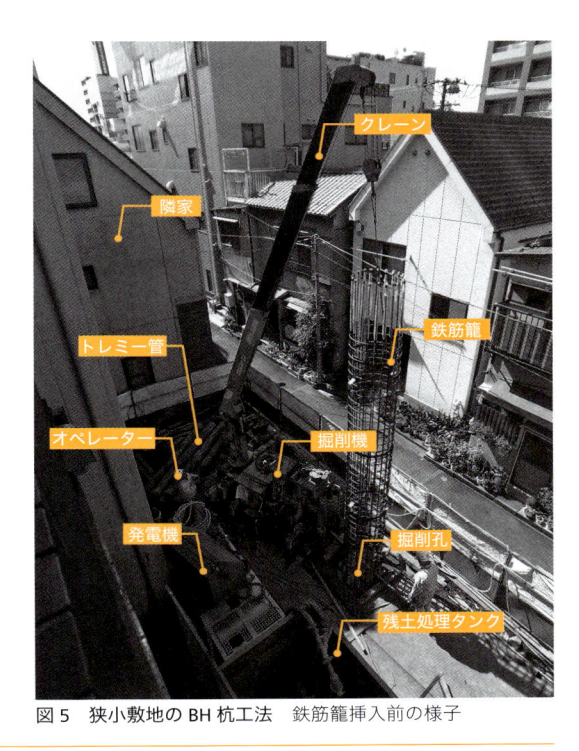

図5　狭小敷地のBH杭工法　鉄筋籠挿入前の様子

＊1：設計者は、住宅のデザインのことだけを考えればよいかというと、そうではない。特に狭小住宅の設計は、デザインだけでなく、敷地の状況により、各種工法も視野に入れながら設計する必要がある。設計者には、総合的な技術力が求められる。

＊2：重機メーカーのホームページを見ていると、いろいろな建設用の重機があるので興味深い。[日本車輌]で検索

Keyword ㊹

■工事段階のポイント

土工事のいろいろ

　狭小地住宅では、敷地の狭さのために、さまざまな局面で工事が難航する。その一つが土工事である。土工事は、多くの重機を使い、土という扱いが難しい素材を対象にするので、敷地の周囲にゆとりがない場合には、難工事になることが多い。土工事は、終了後にはその痕跡が残らない裏方の工事なので、どんな方法で行われるのか、設計者の理解が及ばないことも多い。

　しかし、基礎工事や地下工事では、掘削工事を支える山留め工事の工法が、本体の設計にまで影響することがある。ここでは、代表的な土工事の工法を紹介する。

　また、掘削工事の途中で、地中からさまざまな地中障害物が出てきて、工事に影響が出ることもある。ここでは、私たちが遭遇した地中障害物の例も紹介する。

山留め工法のいろいろ

　狭小地住宅は、狭い敷地一杯に建築することが多いので、基礎や地下室をつくる場合には、掘削する土の断面を保護するために山留め工事が必要になる。ここでは、代表的な山留め工法を整理してみる。

1　簡易山留め工法

　簡易的に使われる山留め工法であり、ベニヤ板と単管で構成される。浅い基礎工事や土圧が掛からない場所の掘削工事に使われる工法である。

　この工法は掘削する地盤が、粘土質のように安定していることが前提となる。土圧が掛かり崩壊の危険がある場合は使用できない。

　一方、隣接する建築が深い基礎である場合には、隣地の基礎の深さまでは、土圧があまり掛からないので、この工法を利用することが可能である。

2　親杭矢板工法

　H型鋼を親杭として、1m程度のピッチで設置し、その間を松矢板で土留めの側壁を形成する山留め工法である。深い基礎工事や、地下室の掘削工事で採用されることが多い。親杭の深さや部材寸法は、土圧計算を行って決められるが、おおよそ掘削深さの2倍程度の長さが必要になる。従って、長い親杭の搬入経路には注意が必要だ。前面道路幅や道路形状などにより、施工ができないこともあるので、事前の現地調査が大切だ。

　また、側壁を形成する松矢板は、止水性が乏しいので、地下水位が高い場合には、十分注意が必要である。その場合には、薬剤を注入して止水す

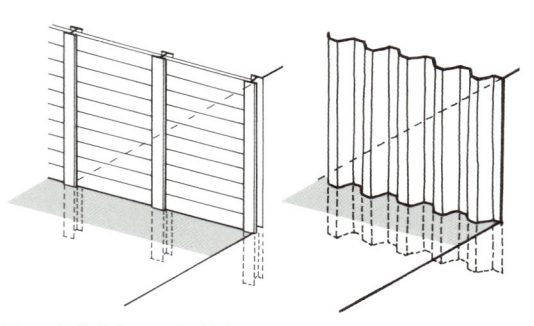

図1　親杭山留め工法（左）とシートパイル工法（右）（出典：大久保孝昭編著『基礎から学ぶ　建築生産』学芸出版社、2013）

図2　地下山留め（親杭松矢板工法）

るか、次のシートパイル工法を採用するかになる（図1、図2）。 Keyword 30 Keyword 42

3　シートパイル（鋼矢板）工法

400〜600mm幅の、折板型の厚い鋼板を互い違いに嵌合させて山留めを形成する。側壁面の止水性が高いことから、地下水位が高い場合に用いられることが多い。しかしシートパイル工法は、鋼板を圧入する重機の施工条件が厳しく、敷地には十分なゆとりが必要なので、狭小地での採用は難しいことが多い。

地中障害物のいろいろ

工事中に発見された地下埋設物で、遺跡等の文化財ではなく、一般的には明治時代以降の構造物のことを地中障害物という。もし文化財であった場合には、自治体に届ける必要がある[*1]。

地質調査で、その痕跡に気がつく場合もあるが、一般的には、基礎工事、地盤改良工事、山留め工事など地下の掘削に伴って発見されることが多い。

特に東京都の下町地区は、関東大震災と東京大空襲という2度の大きな被害にあっているので、その時代の遺構などが発見されることが多い。地中障害物が発見されると、工事に大きな影響が出るが、事前にその全体像を見ることはできない。地中障害物と遭遇したときは、その処分のために工程が大幅に遅れることもある。 Keyword 15

1　明治期の構築物

東京都墨田区における住宅工事の現場で、遭遇した地中障害物である。柱状改良による地盤改良工事の途中で発見された。明治以降の構造物の基礎であり、幸い無筋コンクリートであったので撤去は比較的容易であった。しかし、地盤改良工事の作業は一時ストップとなり、地盤改良用の重機とその資材は、障害物の撤去工事のために場外搬出となり、工事の日程は大幅に遅れた（図3）。

2　明治期の煙突跡

東京都江東区の地下室付きの住宅現場で遭遇した地中障害物である。山留め工事の親杭を設置しているときに、コンクリート片が敷地全体に分布しており、一部には煙突の遺構としてコンクリート塊とレンガと松杭が出てきた[*2]。

ここは明治期の古い製鉄所があったようだが、事前にそのような情報はまったくつかめていなかった。東京大空襲や関東大震災の影響で、それ以前の情報が途切れているからだ。

これらの障害物は、現在の敷地境界線を越境して埋設されていたので、一つ一つ切断して解体撤去しなければならなかった。そのため処分の費用が掛かった上に、工期が大幅に遅れた（図4）。

図3　明治期の遺構が出てきた（コンクリート基礎）

図4　明治時代の松杭　断面を切ると、まったく腐っていない

[*1]：東京台東区の工事現場から、小判が入った壺が出てきて大騒ぎになったそうだ。寺が多い場所では昔の人骨が出てくるという話を聞いたことがある。
[*2]：この現場の松杭は、明治期のものと思われるが、掘り出された状態では、まったく腐敗していなかった。旧東京駅の基礎は、松杭で支えられていたが、近年の改修工事でもそのまま残っていたそうだ。先人の技術と知恵は驚くべきものである。

Keyword ㊺

■工事段階のポイント

鉄骨工事の流れ

　ここでは、狭小地の鉄骨造の住宅について、具体的な事例をもとに、鉄骨工事の流れの概要を解説する。

　ここで紹介するのは、東京都足立区に建築された鉄骨造5階建て、敷地面積130.3m²、延べ床面積539.9m²、間口5.3m、奥行き27mと非常に細長いテナント併用住宅である[*1]。 Keyword㉒ 設計事例07

　このプロジェクトの特徴は以下の通りである。
・間口が狭く、奥行きが長い敷地の形状
・両側のビルが、敷地境界線近くに迫って建っている。
・建て替え前の木造古屋も現状の敷地一杯に建っているので、事前にボーリング調査ができない。
・隣接建物が迫っていたので、外壁は無足場工法を選択した。

1　現地調査　⇒ ①②

　現地調査で、建て主が住んでいる既存の古い木造住宅が、敷地一杯に建っているので、これを解体しないと、地盤調査ができなかった。

　近隣データを検討した結果、地盤面下8m付近までの表層の地盤が良いことが予測された。

　構造設計者と協議し、直接基礎形式で設計が可能と判断したが、近隣データと、この敷地の状況が合致しているかは、当地の地盤調査の結果が必要である。そのため事前に、ハンドオーガーを使って、−2m近くまで掘削して比較検討を行い、近隣データと同じ地層である可能性が高いことを確認した[*2]。

2　実施設計及び解体・地質調査　⇒ ③④⑤

　基礎設計は、地盤データが近隣のデータと同じであるという仮定に基づき進めた。古屋の解体後に、地盤調査を行った結果、近隣データと同じく、地盤面下8m付近まで良好な地盤であることが判明した。

　隣接建物が隣地境界線まで迫っており、かつ間口が狭い敷地のため、内部空間を少しでも広く確保するように、外壁はALC板の無足場工法を採用した。また1階から3階は、テナントのため階高を高く取ることで、汎用性を高めた設計とした。

3　建築工事

【基礎工事】　⇒ ⑥⑦

　隣地ビルの基礎が地盤下1.5m付近まで存在しているので、ほとんど土圧が掛からないことが判明した。その結果、隣接建物の周囲は簡易山留め工法を採用し基礎工事を行った。

【鉄骨工場検査及び鉄骨工事】　⇒ ⑧⑨

　鉄骨の骨組みの製作には、鉄骨製作図がベースとなる。この図面と各種設備工事や、外壁工事の施工図などと整合性を確認する。統合された鉄骨製作図を元に鉄骨工場にて、部材の製品検査を行う。

【建て方工事】　⇒ ⑩⑪

　鉄骨工場にて、鉄骨部材の製作が完成したら、現地にて建て方工事を行う。両側の建物が迫っているので、難工事となった。無事建て方が終了。また合成スラブの配筋とコンクリート打設を行い、平行して柱の現場溶接、ボルト本締めなどを行い、柱・梁・床の構造体が完成する。

【外壁・耐火被覆工事】　⇒ ⑫

　骨組み完成後に、無足場工法によるALC外壁工事が行われる。内側から一枚一枚、止水シーリングを行いながら、手作業で外壁を取り付けていく。外壁工事の後に、耐火被覆工事が行われた。

【仕上げ工事】　⇒ ⑬⑭

　仕上げ工事や各種設備工事が終わり、工期9ヶ月を要して無事完成した。

①既存住宅　間口が狭く奥行きが長い
②簡易地質調査　地盤の概要を把握 
③計画建物　模型で検討する 
④解体工事　手作業と重機で行った 
⑤地質調査　解体後にボーリング調査を行った 
⑥山留め工事　簡易山留め工法 
⑦基礎工事　基礎コンクリート打設中 
⑧施工図確認　鉄骨工場にて 
⑨鉄骨工場検査　製品検査を行う 
⑩建て方工事　両側のビルが迫る 
⑪現場溶接工事　柱を現場溶接する 
⑫ALC外壁無足場工法　内部より施工 
⑬仕上げ工事や設備工事 
⑭完成（工期9ヶ月） 

* 1：1階から3階までが、店舗や事務所のテナント用の階で、4階と5階がオーナー住宅という構成である。
* 2：一般的には早い段階で地質調査を行いたいが、いろいろな条件で、解体後でないと地質調査が行えないことも多い。プロジェクトが、銀行融資を使う場合には、杭工事の有無で、工事金額にかなりの相違が出るので、可能な手段を使い、できるだけ正確な地質調査の結果を得る必要がある。今回は幸い、隣接ビルのデータを入手できたので、ハンドオーガーにて土質の比較を行い、土質を予測した。

2章　設計のルールとポイント　105

Keyword ㊻　　　　　　　　　　　■工事段階のポイント

RC工事の流れ

　ここでは、狭小地のRC造住宅の、設計から工事完成までの流れを具体的な事例をもとに解説する。RC造は鉄骨造に比べ、現場での作業が多いことが特徴だ。そのため建設には人手と工期が掛かるが、一つ一つの部材が人力で運べるので、狭い敷地での対応が比較的可能な工法である[*1]。

　ここで紹介するRC住宅は、東京都大田区に建つRC壁式構造3階建て、敷地面積72.8m^2、延床面積121.83m^2、間口が5.2m、奥行きが14mの2世帯住宅である。 Keyword㉓ 設計事例08

　このプロジェクトの特徴は以下の通りである。
・古屋の1階が建て主の印刷工場で、仕事の都合上、引っ越し前に地質調査を行えなかった。
・そのため当初近隣データを参考に、直接基礎として設計を行ったが、引っ越し後に地質調査を行った結果、液状化地盤であることが判明し、鋼管杭工法に変更した。
・この計画では耐火性能を重視しRC造を選択。
・隣家が迫っているので、隣地の一部を足場用地として借用した。

1　現地調査　⇒①②

　敷地は、東京都大田区の準工業地域である。以前は町工場が多く残っていたが、近年は住宅地化が進んでいる地域である。

　敷地境界線を介して、既存古屋と隣接住宅の距離が迫っていたので、敷地と隣家の位置の実測を測量事務所に依頼した。また第2種高度地区であるので、真北測量も同時に依頼した。

2　実施設計　⇒③

　敷地の周囲では、古い木造住宅が多く残っていたので、災害時に火災から守るため、耐火性能の高い壁式RC造を選択した。

　また、設計当時（2007年）には、経済成長が著しいアジア地域の鉄材需要が急増し、鉄骨造のコストがRC造に並ぶような経済状況になっていたこともRC造を選択した理由の一つだった。

　架構形式は、狭小住宅に最適な壁式構造としたので、柱や梁型による凸凹が出ないような内部空間をつくり出している。

3　建築工事
【基礎工事】　⇒④⑤⑥⑦

　引っ越し後に地質調査を行った結果、近隣データとは異なる結果が出たので、鋼管杭を採用し、基礎の再設計を行った。このように地質の変化が高所的に入り組んでいる地域では、できるだけ早い段階で地盤調査を行いたい。

　地鎮祭後、狭小地でも施工が可能な鋼管杭の工事が行われた。その後基礎工事を行い、上階への工事へと進んだ。

【RC造躯体工事】　⇒⑧⑨⑩⑪⑫

　既存古屋の敷地境界線までの距離は約250mmであり、隣接住宅と敷地境界線の距離もほぼ同様であった。そこで工事中の足場の設置は、隣家の敷地内を借りる了承を取り、壁面の位置は、既存古屋と変わらない配置とすることができた。

　また狭いスペースのため資材置き場や作業スペースが不足したが、現場での整理整頓を徹底して工事を進めた。その結果、3階までの躯体が完成し、無事上棟した[*2]。

【仕上げ工事】　⇒⑬⑭

　鉄筋コンクリートの躯体完成後、仕上げ工事が行われた。外断熱工事、左官工事、大工工事、塗装工事、建具工事、諸設備工事が終わり、工期8ヶ月を要して、ようやく壁式RC造2世帯住宅が完成した。

①解体前　古い木造住宅が周囲に残る
②敷地測量　敷地や真北測量を依頼した 
③実施設計　壁式RC造3階建て 
④地質調査　液状化地盤が判明 
⑤解体工事　隣接建物の側面がわかる 
⑥地鎮祭　ようやく着工 
⑦鋼管杭工事　狭小地の施工が可能 
⑨内部型枠工事　整理整頓が必要
⑩鉄筋工事　鉄筋置き場と手順が大切  
⑧型枠工事全景　隣家が迫る
⑪コンクリート工事　職人の手作業
⑫躯体完成　ようやく形が見える 
⑬仕上げ工事　左官工事の様子 
⑭完成（工期8ヶ月） 

＊1：RC工事の材料のうち、ベニヤや鉄筋は人力でも運べるものである。またコンクリートポンプ車は、ほとんどの部位にホースを延長することができる。その意味では、RC工事は狭小地住宅に向いている構造とも言える。
＊2：狭い現場で工事を進めるには、資材の整理整頓が仕事をする上で必須条件である。そのため、狭小地住宅の現場は、いつも綺麗に片付けられていることが必要だ。

2章　設計のルールとポイント　107

Keyword ❹⑦ ■工事段階のポイント

完成後に出やすい諸問題

　狭小地住宅ならではの、完成後に起こりやすい諸問題をまとめてみた。設計時に注意していれば回避できる問題も多いが、完成後にはじめて気がつくことも多い。

　また、きちんと瑕疵として対処できることばかりでなく、住まい手の受け取り方によっては、クレームになるかならないかのグレーな問題点もある。これらの起こり得る可能性がある問題点を事前に頭に入れておけば、問題が出たときに対応しやすいであろう[*1]。

完成後に出やすい問題点

　鉄骨造は、RC造や木造に比べ、鉄材という扱いが難しい材料が主構造であり、問題が起こりやすい構造形式であると言えるだろう。また外壁や床の構造や工法との組み合わせのバリエーションが非常に多い構造形式なので、組み合わせの数に比例して起こり得る問題も多いと言える。

1　揺れについて（主に鉄骨造）

　一般的に狭小住宅は、いわゆるノッポな形状であり、塔状比が大きいものが多い。そのため柔らかな鉄骨造は、地震のときだけでなく、強い風が吹いても揺れやすい。

　住まい手の実感としては、地震のときに揺れることは当然なこととして受け入れられるので問題はないが、日常の強風でも揺れを感じるのは、多くの人にとって違和感があるようだ。

　筆者の事務所では、鉄骨造を採用するときは、事前に「鉄骨造は、柔らかく揺れやすい構造である」ことを建て主に強調して伝えるようにしている。

　ただし、建て主にネガティブな印象を与えないように、RC造や木造と比較して、メリットとデメリットの両面を十分に伝えるようにしている。

　また塔状比が大きい場合には、構造設計者と相談して、変形をなるべく小さくなるように設計するといった対策を取るとよい。　Keyword ㉒

2　交通振動などの微振動（鉄骨造、木造）

　これも揺れの問題であるが、自動車、鉄道、地下鉄などの微振動が、建物と共鳴して、住み手に不快感を与えることがある。鉄骨造の場合に起こりやすい問題である。早朝時など、周囲の環境が静かな場合には、特に違和感や不快感が生じやすい。

　この問題が厄介なのは、通常の事前調査では、それらの振動には気がつきにくいことが多いことである[*2]。

　また、この揺れは、建物の基礎の状態とも深く関係する。建物が支持層まで達する支持杭を採用している場合には起こりにくいが、直接基礎や、柔らかな地盤で支持している摩擦杭や地盤改良などの場合に多く起こりやすい。

　支持層が地盤面下30mと深い東京の下町地区では、表層や中間層までで支える地盤改良や摩擦杭が多く、その場合にはこれらの微振動を受けやすい傾向にある。従って、周囲に幹線道路が走っている場合や、近くに鉄道、地下鉄が通り、地盤改良や摩擦杭を採用する場合には注意が必要である（図1）。

3　生活振動（木造、鉄骨造、RC造）

　鉄骨造では、生活振動が建物内で伝わりやすい。

　一つは、鉄は音を伝えやすい素材であるために起こり、柱や梁の鉄骨構造体を伝わる音である。

　もう一つは、床を伝わって下階に音が伝わりやすいことである。この問題に関しては、木造もRC造も同様の問題を抱えるが、鉄骨造では床構造をコンクリート造の合成スラブではなく、ALC版を床材に採用した場合に特に起こりやすい。

　音の種類には、建具の開閉音、子供の足音など

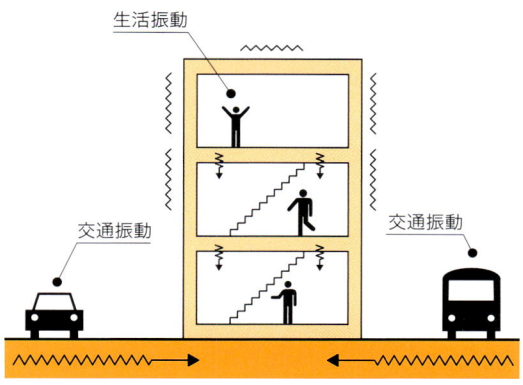

図1 微振動のイメージ　交通振動などの外部からの振動と住宅内で起こる生活振動がある

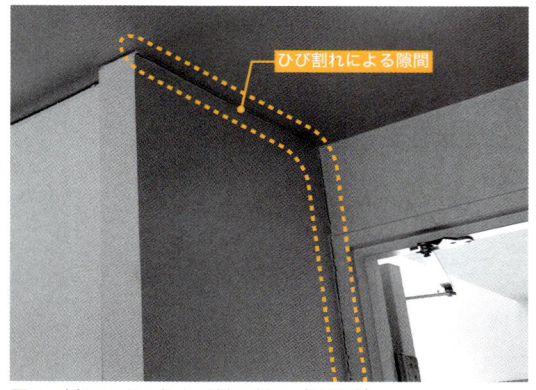

図2 揺れによる仕上げ材の割れ（鉄骨造）

さまざまな騒音源がある。特に、ALC版を採用した場合には、上階の床下地とその仕上げ工法に十分な注意を払い、下階へ騒音が伝わりにくい工法を採用するべきである*3。

4　仕上げ材の割れ（木造、鉄骨造）

塔状の鉄骨造は、風や地震による揺れによるたわみで、表層の仕上げ材の割れが多く起こりやすい。特に目地のない大きな壁面や、壁と天井の入り隅部分には、割れが起こることが多い。

また、壁の下地のプラスターボードのジョイント部分の割れにより、表面のクロスや塗装仕上げにも割れが起こりやすい。

これも対処方法が難しく、建て主には事前に完成後に起こりやすい問題点として、伝えておくほうがよいであろう（図2）。

5　掃除の問題（木造、鉄骨造、RC造）

3階建て以上の窓は、高所になるので、設計者は窓拭きの安全性について考慮する必要がある。窓拭き作業時の足場や、窓の開閉形式や形状について、設計時に十分検討する必要がある。

掃除のときに命がけの作業になることは避けたい。窓拭きの作業を低減するために、窓ガラスを型板ガラスにしたり、汚れが付きにくい光触媒塗料を塗布することも考えられる。

6　熱橋の問題（鉄骨造）

鉄材は熱伝導率が高く、断熱をきちんと行わないと、室内外の温度差が大きい冬期には、暖かい室内側に結露を生じやすい。特に、鉄骨の柱や梁の周りの断熱材が不足するときには、注意が必要である。これらが、天井裏や収納内に隠れている場合には、周囲の空気が動きにくいので、より一層結露が生じやすい。常時結露が起これば、カビが生えやすくなるので、きちんとした鉄材の断熱設計を行うことが大切である。

7　ビル用サッシの結露（RC造、鉄骨造）

現在市販されているビル用サッシは、住宅用サッシに比べると、断熱性能がかなり劣る。しかしRC造や鉄骨造の住宅では、耐火建築物の防火設備としては、主にビル用サッシが使われる。その場合、ガラスの断熱性能を上げることは可能だが、サッシ枠自体が断熱性能が低く、熱伝導率が高いアルミであるので、結露を生じやすい。

メーカー側の説明では、ビル用サッシは防火の認定上、サッシの構造を変えられないという。

しかし、この考え方に従えば、ビル用サッシの使用者はいつまでもサッシの結露を我慢することになる。サッシメーカーには今後の改善が望まれる分野だ。

---

*1：特に出やすい問題は、先回りして、建築前に建て主に可能性を伝えておくと、実際に問題が出たときに対処がしやすい。
*2：道路の舗装状況も大きく影響する。段差が多いような道路は振動が大きくなるので、注意が必要である。
*3：床の仕上げ材の下に、プラスターボードを何重か敷き詰めると、下の階への騒音防止の効果がある。遮音対策にはその他多くの工法があるが、それだけトラブルが多いためなので、注意が必要だ。

Keyword 48

■工事段階のポイント

BBS や SNS の活用

　家づくりにおいて、工事中の進行状況や工事上の問題点などの建築情報を、建て主と施工者と設計者の三者で共有することは、家づくりという共同作業を進める上で大切なことだ。

　ここでは、インターネットの簡単な IT ツール、BBS が可能にする全員参加の家づくりの方法について紹介する。

　BBS とは、別名「掲示板」と呼ばれ、インターネット上で、情報共有するためのコミュニケーション・ツールである。同じような情報共有の仕組みは、Facebook や Twitter などの SNS を使っても可能だが、これらの SNS は、全員が会員登録する必要があり、少々上級者向きなのに比べ、BBS はインターネットのブラウザがあればすぐ使えるので、だれでも手軽に利用できる良さがある[*1]。

　BBS のような仕組みは、インターネット上のいろいろなシーンで使われているので、すでに利用経験がある方も多いであろう。

3 者で情報共有

　この BBS を用いて、建築現場の進行状況や、それに関する質問事項などを、建て主、施工者、設計者の 3 者で共有する仕組みを紹介する。この BBS の情報は、原則として外部には非公開だ[*2]。

case KT-HOUSE **設計事例04** BBS より

【施工者書き込み】6/1～6/6 工程　投稿者：E（現場監督）
投稿日：2009/06/01（Mon）16:52 No. 53
先週はコンクリート打設も無事に終了しました。
次の日からの雨で墨出しが本日終了致しました。
明日 6/2 より外部の型枠の建て込みで
6/4（木）6/5（金）に 2 階の壁の鉄筋組の予定です。
6/6（土）電気・設備の配管スリーブです。
梅雨の前にできるだけ進めておきたいと思ってます。

【建て主書き込み】Re：6/1～6/6 工程　K（建て主）
2009/06/02（Tue）01:30 No. 54
E 様
いつもお世話になっています。
狭いところでの作業、本当に大変だと思います。
我々は、できるだけ雨が降らないようにと願うしかできませんが、どうかよろしくお願いいたします。　K

【設計者書き込み】現場の進行状況　投稿者：大戸（設計者）
投稿日：2009/06/03（Wed）09:30 No. 55 <Home>
K さんへ。
昨日、現場監理に行ってきました。
1 階のコンクリート打設が順調に終わり、現在 2 階の工事に入りました。
また地下のサポートも取れました。
現場が狭く、資材で一杯の状態で、なおかつ足元に危険な鉄筋などがあるので、これらが整理されたら、現場をご案内できます。
ご案内は、再来週くらいがよいと思われますが、K さんのご都合はいかがですか？
昨日の様子は、オンライン設計室に更新してあります。
http://www. taikeisha. net/29kt/kt_15. html
それでは。

【建て主書き込み】Re：現場の進行状況　K（建て主）
2009/06/03（Wed）14:01 No. 56
大戸様
ご連絡ありがとうございます。
HP のオンライン設計室を拝見しました。
1 階ができ上がっていて、想像より立派な感じがしました。
大工さんが狭いところで頑張ってくださっている様子などもひしひし伝わってき、彼らにも本当に感謝です。ありがとうございます。
現在、日に日に完成を待ちわびる気持ちが強くなってきています。

再来週でしたら、たいていは都合がつきます。具体的な日にちなどは、近くなったらご相談させてください。

　この事例のように、工務店には現場の進行状況を書いてもらう。それに対して、建て主には仕事に対するお礼や労いの言葉を掛けてもらうような場をつくるようにする。建て主は、現場の進行状況を、スマホや仕事場のPCなどから、好きな時間に見ることができ、現場の状況を把握することができることがこの仕組みの特徴だ（図1）。

　わざわざ現場へ出向かなくても、自宅の工事の進行状況がわかることが特徴である。書き込みはブラウザででき、また時間帯も気にせずに使えるので、多忙な建て主にも便利である。

　何より、こういった気楽なコミュニケーションが、現場に一体感を演出してくれることが、最大の特徴である。建て主が現場を訪問すると、ほとんどの場合、現場に親近感を持つようだ[*3]（図2）。

補助的な役割として

　工事中に使われるBBSは、導入が比較的簡単であることから、ぜひお勧めしたいコミュニケーション・ツールであるが、注意が必要な点がある。

　BBSはあくまでも補助的なコミュニケーション・ツールであるということだ。重要度の高い打ち合わせ事項や伝言は、必ず電話やメールなどを使い、確実に伝達することが大切だ。

　BBSは、「見たかったら見てください」という程度の使い方が望ましく、また、この姿勢が長く続くコツである。

　もしこれを、建て主が現場を監視するためのツールとして使いはじめると、雰囲気が一変するおそれが出てくる。建て主にはあくまでも、観客の一人として現場の家づくりを楽しんでもらうという姿勢をお願いしている。職人の良かった仕事には、惜しみない拍手を送るような雰囲気が望ましい。

　現場が舞台で、職人は役者、建て主が観客、設計者が監督といった役回りが望ましいと考えている。

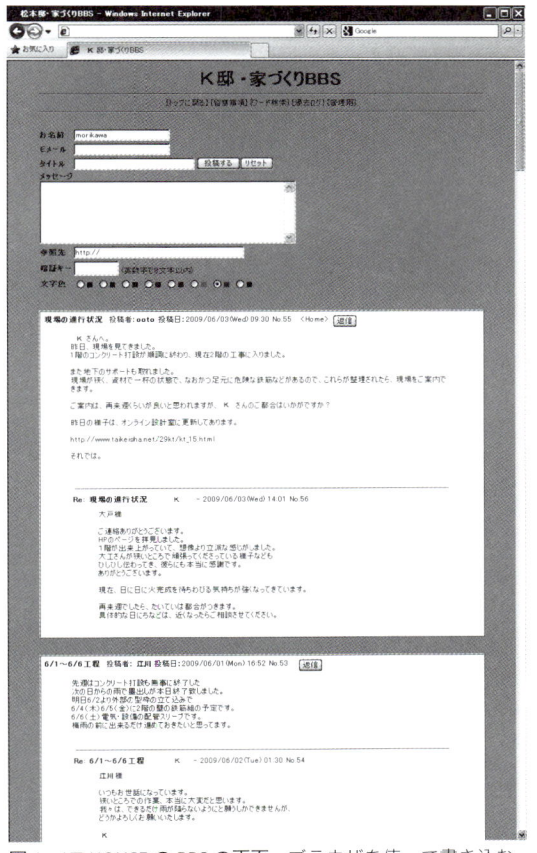

図1　KT-HOUSEのBBSの画面　ブラウザを使って書き込む

図2　KTさんの現場訪問　BBSを通して、現場に親近感が湧く

---

*1：筆者は、futomi's CGI CafeのCGIを使ったBBSを使っている。マニュアル通りに設定すれば、誰でも比較的簡単に、BBSのサイトをつくることが可能だ。[futomi CGI]で検索🔎
*2：BBSの話題は、建て主、設計者、施工者で共有される情報で、非公開が原則だ。
*3：BBSの使い方や事例は、筆者のホームページに詳しい。[建築計画網・大系舎BBSの活用]で検索🔎

2章　設計のルールとポイント　111

Keyword 49 ■工事段階のポイント

職人を表舞台に

近年、品質管理の重視で、建築現場の管理化が加速度的に進んでいる。現場の管理化は、品質の向上という意味では良い傾向であるが、住宅という「ものづくりの現場」が活性化しているかというと、筆者は否定的に感じている。最近の「ものづくりの現場」は、養生シートによって、作業がすっかり隠されてしまい、ブラックボックス化している。工事現場でどんな作業が行われているのか、一般の人の目に入ってこない。

ものづくりとしての工事現場

私が子供のころの工事現場は、近くを通ると外から内部の仕事の様子をのぞくことができた。大工の仕事や左官の仕事、鳶の華麗な動きなどを直接見ることができた。住宅の現場は、ものづくりに関心がある人にとって、じっと職人たちの技を見て、感心しながら、楽しんで見ていられた場所であった。

一方、現代の職人は、囲われた現場の中で、現場監督以外の誰にも仕事を見られることなく、決められた仕事を淡々とこなすことが日常的になってきている。そんなことに歯がゆい思いを抱いていたときに、インターネットというメディアが登場してきた。インターネットは、現場を公開するには最適なメディアであり、これを活用して、現場の仕事を、再び表舞台に戻すことができないかと考えて以来、私たちはホームページ上で、現場での職人の仕事の様子を公開している[*1]。

オンライン設計室

このオンライン設計室というコンテンツは、ホームページ上で、家づくりのプロセスを公開するものだが、最近では同じようなコンテンツを多く見るようになった。このコンテンツにおける筆者の意図の一つは、職人の仕事内容を公開して、第3者に見せるという点にある。

最近では、テレビ番組でも、職人の仕事を紹介するものがあるが、ものづくりの現場は、エンターテイメント性があり、職人の仕事は、見ていて楽しく、またその技に感心させられることが多い[*2]。

このように、閉塞化したものづくりの現場に、再び楽しさを取り戻したいと思い、ずっと続けているコンテンツがオンライン設計室である（図1）。

たとえば最近、左官壁が見直されているが、実際に職人がどうやって塗っているのかを建て主が見ることができれば、出来上がった左官壁への思いもずっと深いものになるはずだ（図2）。

このオンライン設計室というコンテンツは、建て主に向かって表現しているのだが、貴重な記録

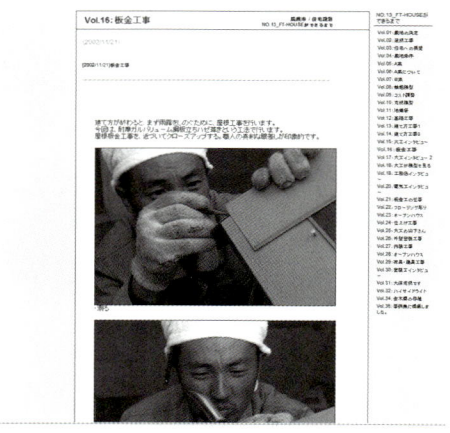

図1　オンライン設計室（http://www.takeisha.net）

図2　左官職人の仕事風景を公開する

なので、インターネット上で公開することで、多くの人と情報共有できることも意図している。

職人を表舞台に

最近では、スマートフォンやタブレットを使って、誰でも気軽にインターネットに接続できるようになった。当然、現場の職人たちも、日々の仕事や遊びにこれらのITツールを活用している。

その結果、インターネット上に職人たちの仕事を公開すると、職人たちの家族や友人などを含め多くの人たちに自分の仕事を見てもらえることになる（図3〜図5）。

こういった循環は、家づくりの現場を活性化させると実感している。オンライン設計室では、あえて職人の素顔に迫り、彼らがどんな気持ちで仕事に取り組んでいるか、レポートすることを試みている。

職人にとっては、工事管理以外の目的で、写真に撮られたり、職人が個人としてインタビューされたりすることは、はじめて体験であろう。しかし、職人にとって、働いている姿が、ウェブ上でアップされているということは、予想外に励みになっていることは確かだ。スマートフォンやタブレットのモニターを介してではあっても、建て主をはじめ大勢の人が、自分の仕事を見てくれていると意識するだけでも、現場には緊張や張り合いが生まれるはずだ。

監視システムではない

このように職人の仕事を公開することをお勧めしたいのだが、一歩間違えると、逆効果になるので、注意が必要である。

先ほど、BBSの使い方でも同じことを述べたが、インターネット上に公開することは、「監視」のためではない。職人の中には、手抜きをさせないためにそうしているのではないかと訝しがる人もいるが、決してそうではないことを、きちんと伝えておく必要がある。

手抜きをさせないという、管理意識を帯びた視点から彼らを撮影することは、決して功を奏しない。職人たちは地味な仕事も多いが、そんな地味な仕事にこそスポットライトを当て、きちんと記録するというスタンスが、結局、現場をやりがいのある楽しい場所に変えていくと思う。

このようなコンテンツを続けていると、職人たちは、自分の仕事に対してプライドを強く持っていることを実感するが、そんな職人の姿を記録していきたいと思っている。

図3　大工職人にインタビューする

図4　重機オペレーターの仕事風景

図5　上棟時に職人たちと記念撮影する

＊1：インターネットというメディアは、時系列に沿った出来事を記録することに優れたメディアである。そのため、家が出来上がるまでのプロセスを記録するのが得意である。どんな職人が、何を、どのようにつくっているかを記録するのに適している。
＊2：「和風総本家」という大阪テレビの番組では、さまざまなジャンルの職人をクローズアップして、ものづくりの様子を楽しく見ることができる。［和風総本家］で検索

2章　設計のルールとポイント

Keyword ㊿　　　　　　　　　　　　　　　■工事段階のポイント

住まいの見学会

　実際の住宅を、一般の人に見てもらうことは、多くの点で良い体験になるはずだ。だれでもどのように住宅が出来上がるのかを知りたいし、実際に出来た空間を体験したいという要望も多い。

　また、多くの人は、その空間の中でどのような生活スタイルが営まれているのかという点に興味を持つことが多い。

　ここでは、さまざまな段階の住宅の姿を、多くの方々に見ていただく方法を紹介する。

構造見学会

　どのような構造でも、骨組みが立ち上がったときは美しい。飾り気のなく、素のままの骨組みは、一般の人にもぜひ見せたい工事のシーンである。昔の木造住宅は、上棟式として餅まきなどを行い、近所の人々にもお披露目していた。しかし現在では、餅まきはほとんど行われていない。

　おそらく昔の人にとって、上棟式は住宅を学ぶ絶好の機会でもあり、その骨組みを見ながら、木材の産地はどこであるとか、どんな種類の木材であるとかを、直接見て学んだのであろう。昔の人が現代人に比べ、家についての知識を多く持っていた理由は、スケルトンの住宅を見る機会があったからであろう。

　筆者の事務所では、木造だけでなく、鉄骨造や、RC造の住宅も含めてなるべく構造見学会を行うようにしている。まずはその建築の建て主に了解を取り、事前にウェブなどを通じて公募して、行うようにしている。

完成見学会

　一般的に行われている見学会である。この場合、建て主の入居前に行われることがほとんどなので、一般の人には、どのような生活が営まれるのかは、伝わりにくいようだが、素材や空間構成、空気感などを体験することが可能である。

入居後の住まい拝見

　一般の人にとって、住宅について一番知りたいことは、そこでどのような生活が営まれるかということであろう。

　しかし、住宅の住まい手にとって、住んでいる住宅は生活の場であり、人に見せるためのものではないので、この段階の住宅を公開してもらうのは、相当の気苦労が伴うものだ。筆者の事務所も、何度か建て主にお願いして、公開していただいた機会があったが、施主側も依頼する側も、生活の場を提供していただくことの大変さを実感している。

　そこで私たちは、ウェブを使って、建て主に住まいの場を公開していただく「住んでみて」というコンテンツをまとめている（図1）。

　プロの編集者にレポーターを依頼して、客観的な取材を心がけている。このような方法であれば、住まい手に対する負担も軽減できる。またレポーターの客観的な意見は、設計者としても、今後の設計に活かせる点が多い。

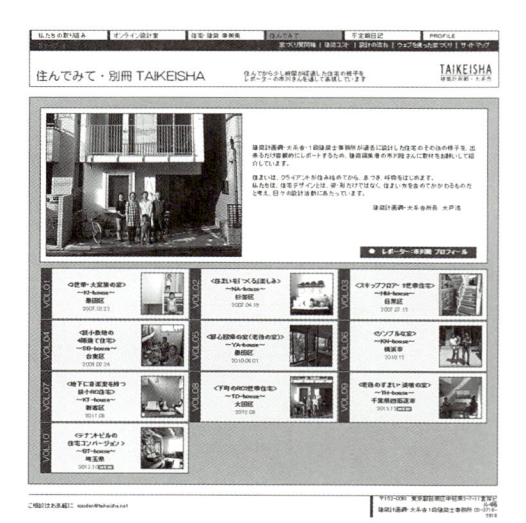

図1　「住んでみて」（http://www.taikeisha.net/life）

3章

設計事例

設計事例 **01** SB-HOUSE
4階LDKと屋上がつながる住宅

敷地 15坪	木造	鉄骨造	RC造
	3階	4階	5階
	一種中高層	近隣商業	商業	準工業

　南側に33m幅の幹線道路が通っている敷地面積50.4㎡(15.2坪)の狭小地。この敷地に家族5人の専用住宅が求められた。
　1階は駐車場と玄関スペース、2階は子供室、3階は寝室、浴室、家事室、4階はLDKという構成である。ホームエレベーターを採用することで、4階リビングが成立した。最上階のリビングは、天井が高く、屋上と連続しており、採光と通風に優れた開放的な空間である。4階であるため眺望も良い。このスペースには、大きな可動スクリーンを設置し、ホームシアターとしても活用している。

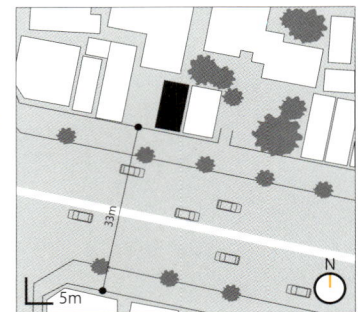

- Keyword 08　階数による制限と緩和
- Keyword 22　狭小地住宅で一般的な鉄骨造
- Keyword 28　ホームエレベーターの考え方
- Keyword 29　屋上利用か屋根か

隣のビルに接近した配置。前面の歩道は歩行者が多い※

33m幅の幹線道路沿いの立地。開放的だが、交通騒音が激しい※

眺望が良い4階LDK。奥は吹き抜けておりホームシアターになる※

4階リビングは、北側採光の吹き抜けで屋上につながる※

18mの鋼管杭を打設

Keyword ⑱　Keyword ⑳

地盤の表層は液状化層であり、支持層までは18mであった。

狭い敷地における施工性から鋼管杭を採用し、支持層まで打ち込んだ。

鋼管杭216φ

オーガーで鋼管杭を圧入する

隣地境界線

開放的な4階リビングは楽しい

Keyword ㉝

4階のリビングは一部屋上につながる吹き抜けをつくり、展望がよく開放的なリビングとなった。ホームエレベーターを採用することで、4階リビングを可能にしている。

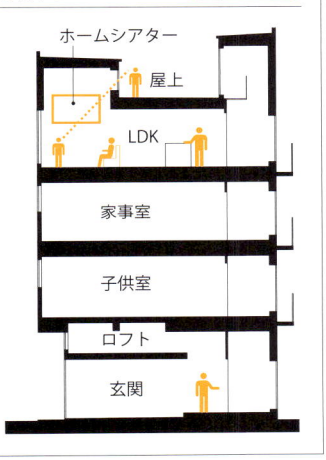

ホームシアター／屋上／LDK／家事室／子供室／ロフト／玄関

広い玄関土間は便利な空間

Keyword ㉖

玄関土間を広くとり、自転車スペースをつくった。

都心の住宅では外部に自転車を放置すると見苦しい。そのため、土間空間はとても有効である。

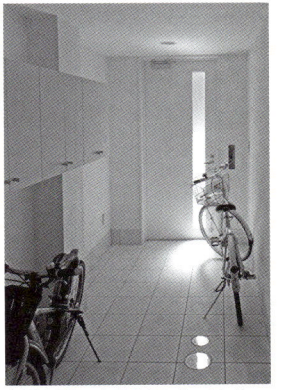

玄関土間の自転車スペース ※

PLAN

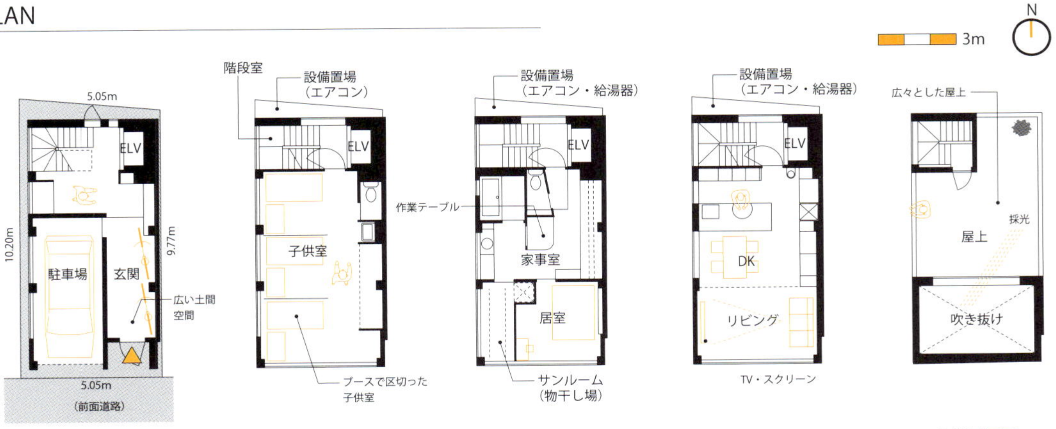

1階平面図／2階平面図／3階平面図／4階平面図／R階平面図

- 所在地：東京都台東区
- 用途地域：商業地域
- 防火規制：防火地域
- 高度地区：—
- 規模：鉄骨造4階建て（耐火構造）
- 敷地面積：50.4㎡（15.2坪）
- 建築面積：44.2㎡（13.3坪）
- 延床面積：165.5㎡（50.0坪）
- 竣工：2006年
- 用途：専用住宅
- 地盤対策：鋼管杭
- 外装仕上げ：中空セメント板
- 設計：建築計画網・大系舎
- 構造設計：構造設計工房デルタ
- 施工：株式会社　シマダ建設
- 撮影：飯村昭彦（※）

設計事例 **02** KI-HOUSE
運河に面した3世帯大家族の住宅

敷地 24坪	木造	鉄骨造	RC造
	3階	4階	5階
	一種中高層	近隣商業	商業	準工業

　東京都墨田区の運河沿いに建つ3世帯住宅であり、建築当初は、実に4世代で9人もの大家族が住んでいた。
　敷地の南側の運河上部には近接して首都高速道路がそびえ立っている。下町らしく近所の人や知人の出入りが多い1階は、半公共的な多目的スペースを設け、運河側に視線が抜ける開放的な空間をつくった。このスペースは近所の子供を集めて学習塾としても活用している。2・3階は各家族のプライベートな個室を設けている。
　DKは3階に設け、吹き抜け上部のハイサイドライトから、首都高速道路越しの太陽自然光を確保した。
　また、ホームエレベーターを設置することで、各階へのアクセスを容易にしている。

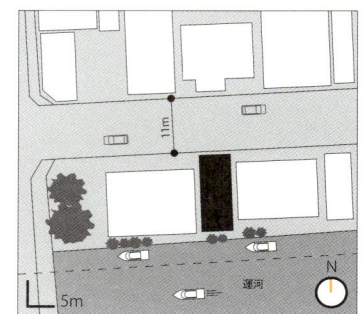

Keyword **31**　2世帯住宅の相続税優遇制度　　Keyword **36**　外部環境と向き合う

外壁に木材を使ったナチュラルな印象のファサード※

南面が運河に面した眺望のよい立地※

読書を楽しめるゆったりした階段※

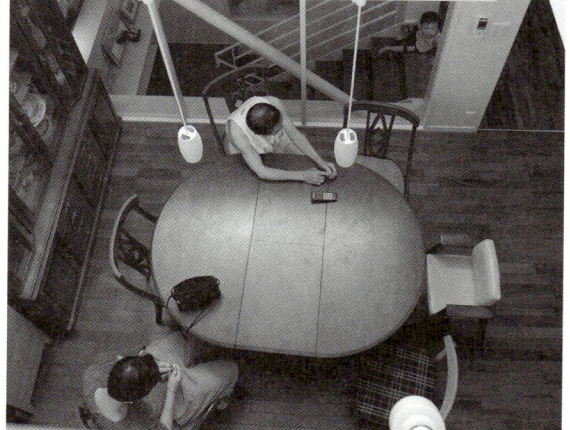

3階のダイニングキッチンは家族の集う場所※

長さ35mのPHC杭を打設

Keyword ⑱　Keyword ⑳

表層は液状化の恐れがあるため、深さ35mを支持層までとしてPHC杭を打ち込んだ。排出された中間のシルト層はクリームのような柔らかさであった。

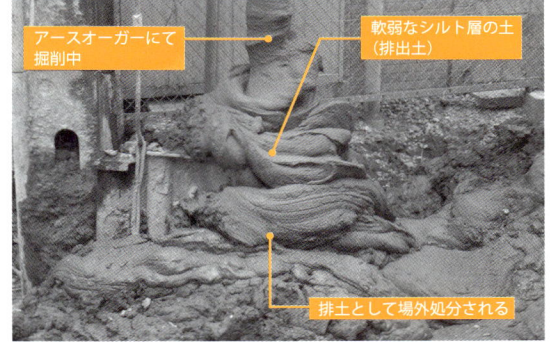

- PHC杭 450φ
- L=10m×2本 +12mを連結する
- アースオーガーにて掘削中
- 軟弱なシルト層の土（排出土）
- 排土として場外処分される

運河に開放多目的スペース

Keyword ㊱

1階には、運河に開いた多目的スペースを設けた。
主に家族で使用しているが、時には知人や近所の人が集まる場所となっている。玄関から直接アクセスでき、展望のよいスペースとなっている。

- 運河

優しい木材を使った外壁

Keyword ㊳

外壁には一部米杉を用いた。
ビル建築がならぶ無機的な街並みに、住宅らしいナチュラルなイメージをつくっている。

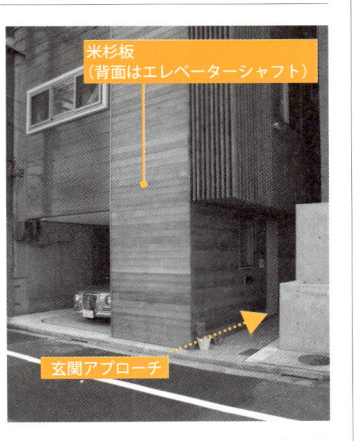

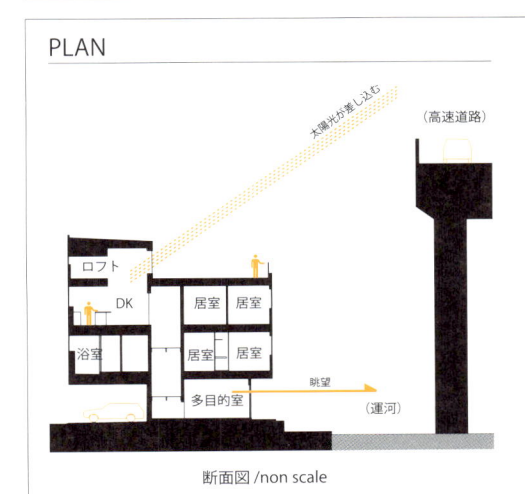

- 米杉板（背面はエレベーターシャフト）
- 玄関アプローチ

PLAN

断面図 /non scale

- 太陽光が楽しみ込む
- （高速道路）
- ロフト
- DK
- 居室
- 居室
- 居室
- 浴室
- 居室
- 多目的室
- 眺望
- （運河）

1階平面図
- アプローチ（前面道路）6.03m
- ELV
- 駐車場
- 多目的室
- 13.03m / 13.09m
- 6.03m
- 集会や学習塾など
- 運河に面したテラス
- （運河）

2階平面図
- ベランダ
- ELV
- 浴室
- 洗面
- ゆったり階段
- 本棚
- 居室
- 居室

3階平面図
- 上部からの採光
- ベランダ
- ELV
- キッチン
- ダイニング
- 本棚
- 居室
- 居室
- 各個室は狭い

3m　N

- 所在地：東京都墨田区
- 用途地域：商業地域
- 防火規制：防火地域
- 高度地区：—
- 規模：鉄骨造3階建て（耐火構造）
- 敷地面積：81.1 ㎡（24.6 坪）
- 建築面積：66.6 ㎡（20.2 坪）
- 延床面積：194.5 ㎡（58.9 坪）
- 竣工：2005 年
- 用途：専用住宅
- 地盤対策：PHC 杭
- 外装仕上げ：中空セメント板
- 設計：建築計画網・大系舎
- 構造設計：構造設計工房デルタ
- 施工：株式会社 シマダ建設
- 撮影：飯村昭彦（※）

3章　設計事例　119

設計事例 03 　AB-HOUSE
敷地9坪の生花店併用2世帯住宅

敷地 9坪	木造	鉄骨造	RC造
	3階	4階	5階
	一種中高層	近隣商業	商業	準工業

下町台東区の駅前に建つ、3階建ての店舗併用住宅のプロジェクト。

敷地の広さはたった31.3㎡(9.5坪)で、間口×奥行きは、3.7m×8.3mの狭小敷地である。前面道路は人通りが多く、1階は家業の花屋、2・3階は70歳代の老夫婦を含む3人家族の2世帯住宅として計画している。

生花店であるため、西日から花を守る木材で仕上げた庇をつくり、ファサードのデザインのアクセントとしている。住宅ではあるが、その小ささから、家具が巨大化して住宅になったと考えて計画した。

室内は廊下上の1室空間として、多様に利用できるようにしている。

- Keyword 07　耐火・準耐火建築物
- Keyword 22　狭小地住宅で一般的な鉄骨造
- Keyword 32　賃貸併用住宅と事業計画
- Keyword 42　隣接建物が迫るとき

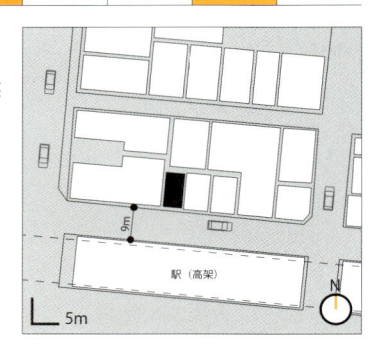

店舗はまちを明るく開放的にする※

1階の生花店。通行人の目を楽しませる※

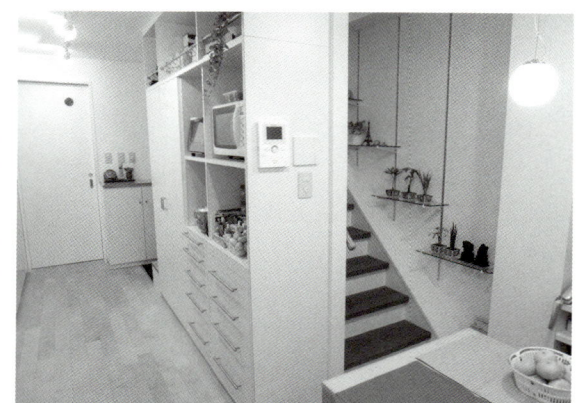

間仕切りのない狭小の廊下状の1室空間。コンパクトな収納※

内側からの外壁工事　Keyword ㉕

　隣家までの距離がわずか 15cm であるため、足場を組まずに室内側から外壁工事を行った。
　外壁の ALC パネルは、前もって塗装を施し、手作業で取り付けていった。

外壁を内側から施工

隣地との距離はほとんどない

花台と庇で印象付ける　Keyword ㊳

　西日除けの庇と花台が、のっぺらぼうになりがちな建物正面のアクセントとなり、歩行者の目を楽しませる。
　庇は米杉で仕上げ、無機的な街並みの中でナチュラルなイメージをつくる。

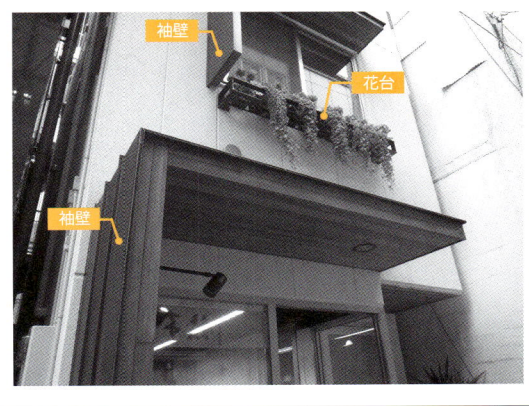

花台

袖壁
花台
袖壁

PLAN

　住宅ではあるが、その小ささから家具が巨大化して住宅になったと考えて計画した。

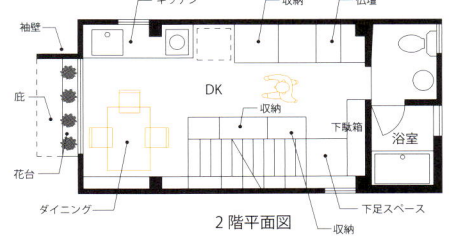

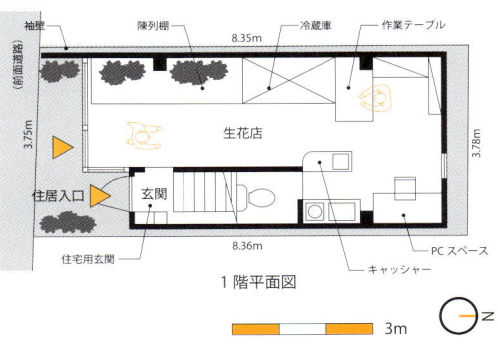

3 階平面図

2 階平面図

1 階平面図

所在地：東京都台東区	規模：鉄骨造 3 階建て（耐火構造）	竣工：2009 年	設計：建築計画網・大系舎
用途地域：商業地域	敷地面積：31.3 ㎡（9.5 坪）	用途：店舗併用住宅	構造設計：構造デザイン
防火規制：防火地域	建築面積：25.5 ㎡（7.7 坪）	地盤対策：表層改良	施工：株式会社　シマダ建設
高度地区：ー	延床面積：67.9 ㎡（20.6 坪）	外装仕上げ：ALC パネル	撮影：飯村昭彦（※）

設計事例 04
KT-HOUSE
地下ピアノスタジオ付 RC 住宅

敷地 17坪	木造	鉄骨造	RC造
	(地下1階) 3階	4階	5階
	一種住居	近隣商業	商業	準工業

都心の狭小地 (16.7坪) に建つ地下室付の RC 住宅である。
周囲の建物が迫っていて、設計と工事は難航した。
地下室は、ピアニストであるクライアントの音楽練習室、地上は居室スペースであり、2 階が寝室、3 階が LDK となっている。3 階は平面的な狭さを解消するために、一部天井高を上げて縦への開放感をつくり出した。
建物には日除け用の庇や袖壁を設け、日差しを調整している。
地下室は支持地盤との関係で、高い天井高を確保できた。OSB と天井吸音材及び、打ち放しコンクリート壁の組み合わせで、良い音響空間ができ上がった。

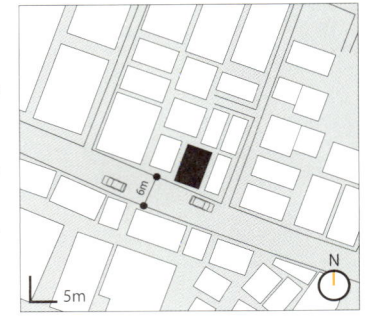

- Keyword 23　耐火性や遮音性に優れたRC造
- Keyword 33　狭さを克服するデザイン
- Keyword 35　自然を取り込む
- Keyword 48　BBSやSNSの活用

シンプルなデザインのファサード※

ハイサイドライトから採光をとったリビング※

地下 1 階の音楽室。階段上部に外部に面した窓がある※

3 階 DK。吹き抜けが狭さを解消し開放的になる※

狭小地の地下工事　Keyword ㉚

　敷地に最大限建物をつくるため、地下工事は敷地を4mまでほぼ総掘りとなる困難な工事であったが、設計段階から工事施工者と、親杭や重機の作業スペース等について詳細な打ち合わせを行うことで、無事に工事を進めることができた。

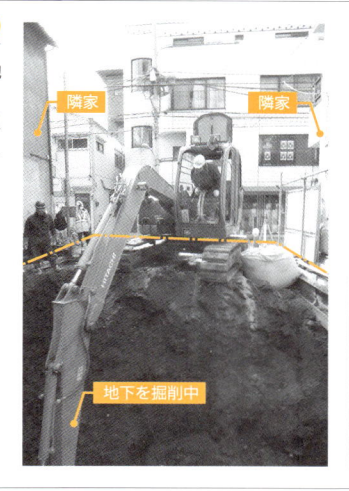

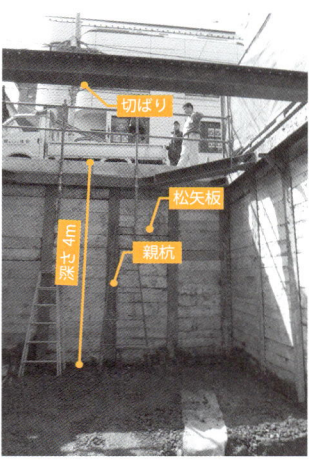

住宅をまちに開く　Keyword ㊲

　地下音楽室は、主には住み手の音楽室として使われているが、時には知人や近所の人を集めてライブを行うスペースとしても使われている。また、1階の広い玄関土間は、道を通行する人から眺められるように設計してあり、小さなギャラリースペースとしても使われている。

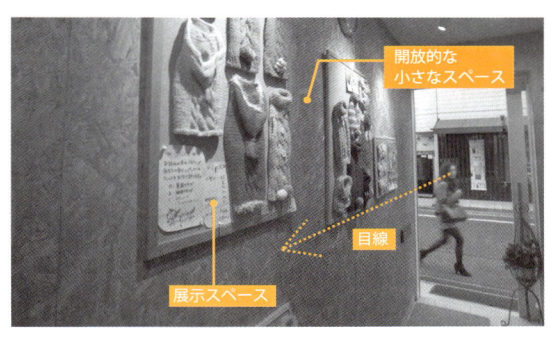

PLAN

B1階平面図　1階平面図　2階平面図　3階平面図

所在地：東京都新宿区	規模：RC造地下1階地上3階建て
用途地域：第1種住居地域	敷地面積：55.3㎡（16.8坪）
防火規制：防火地域	建築面積：38.2㎡（11.6坪）
高度地区：20m第3種高度	延床面積：152.6㎡（46.2坪）
竣工：2009年	設計：建築計画網・大系舎
用途：専用住宅	構造設計：構造デザイン
地盤対策：直接基礎	施工：株式会社　建匠
外装仕上げ：塗装	撮影：飯村昭彦（※）

3章　設計事例　123

設計事例	BT-HOUSE 小テナントビルの住宅コンバージョン	敷地 25坪	木造	鉄骨造	RC造
05			3階	4階	5階
			一種住居	近隣商業	商業	準工業

築28年の1階不動産事務所・2階スナック・3階事務所のテナントビルを住宅にコンバートしたプロジェクト。

1階は既存を活かしてフローリストの施主のアトリエとし、2階はLDK、3階は居室＋水廻りにコンバートした。

このプロジェクトで目指したものは、住まい手が育てていく家。細かいことを想定して造りこむのではなく、住みながら施主自ら付け加えていける家である。そのため、必要最小限の工事で住宅にコンバートし、DIYを取り入れて完成に近づけている。

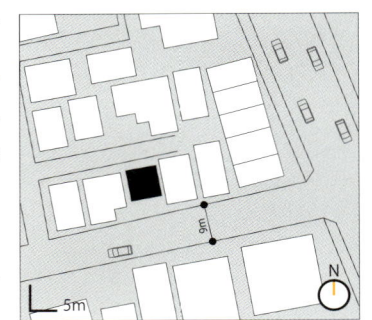

Keyword 22 狭小地住宅で一般的な鉄骨造　　**Keyword 39** リノベーションという住み方

2階リビング。スナックを開放的なリビングにコンバート。1室空間を家具のレイアウトで多様に使う

造作のキッチンカウンター

3階の居室。将来的には分割が可能

DIYで施主が育てる家づくり　　Keyword 26

工事でほとんど手を入れていない1階を中心に、さまざまな仕上げを施主によるDIYの自主工事で行った。
DIYを取り入れたことで施主に維持・更新していく意識が生まれており、その後もDIYでのカスタマイズを進めている。

1階のアトリエはDIYで漆喰を塗っている

DIYでの壁塗装

削りだすデザイン　　Keyword 22

2階のLDKは、天井を解体しスケルトンを露出させ、床は既存のシートをはがしただけのコンクリートの土間床とした。既存を削りだすことで、既存のソースをいかした中古ならではのテイストが感じられる空間となった。
また、天井を解体することで、40cmほど天井が高くなり開放的なリビングとなった。

BEFORE
コンバージョン前の2階スナック

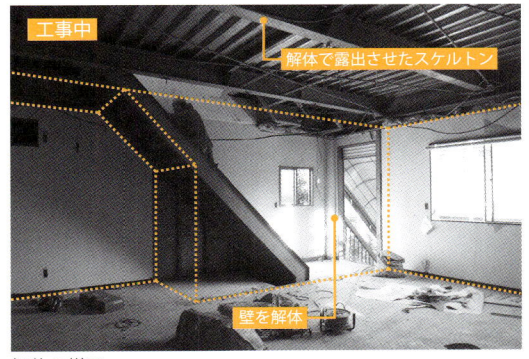

工事中
解体で露出させたスケルトン
壁を解体
解体の様子

PLAN

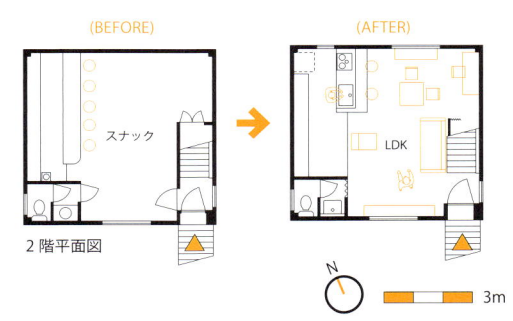

3階平面図　(BEFORE) 事務所 → (AFTER) 居室

2階平面図　(BEFORE) スナック → (AFTER) LDK

建物外観

所在地：埼玉県草加市	規模：鉄骨造3階建て（既存）
用途地域：第1種住居地域	敷地面積：84.1㎡（25.5坪）
防火規制：―	建築面積：38.3㎡（11.6坪）
高度地区：―	延床面積：115㎡（34.8坪）

竣工：2013年
用途：併用住宅
地盤対策：―
外装仕上げ：（既存）

設計：建築計画網・大系舎
施工：株式会社　ニート
撮影：建築計画網・大系舎

3章　設計事例　125

設計事例 **06** KM-HOUSE
商店街に建つ4階建て2世帯住宅

敷地 15坪	木造	鉄骨造	RC造
	3階	4階	5階
	一種中高層	近隣商業	商業	準工業

東京都内の私鉄駅近くの近隣商業地域に計画した2世帯住宅。
周囲には、3階建てから6階建てまでの比較的高い建物が密集してるこの敷地に、2世帯で合計7人の家族が住むための住宅を計画した。
敷地面積は 51.7 ㎡（15.7 坪）という狭小地で、間口が 4.1m、奥行き 12mと間口が狭い敷地である。
この地域は、道路斜線だけでなく、高度地区による高度斜線や日影制限で厳しい規制がかかっていたため、敷地を最大限活用できるように、天空率を活用して細かなスタディーを繰り返し行い計画した。

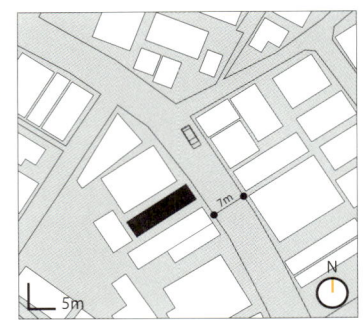

Keyword **22** 狭小地住宅で一般的な鉄骨造　　Keyword **31** 2世帯住宅の相続税優遇制度

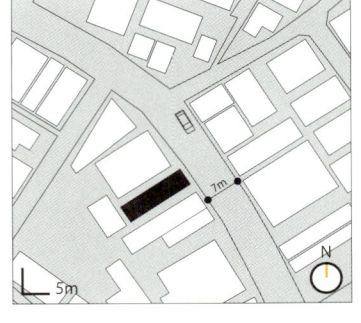

天空率と日影規制をクリアする　　Keyword **12**

道路斜線制限と日影規制を満たす立体を細かなスタディーを重ねてつくりだした。
道路斜線の緩和として天空率を利用したため、天空率と日影規制のスタディーを同時に行い、両方を満たすボリュームを探すことから始まった。

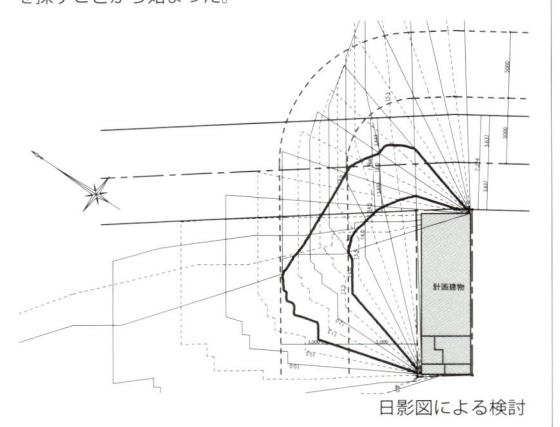

日影図による検討

日影規制・天空率から決まった建物形状

近隣の環境。商店街の端に位置する

4階は勾配天井として空間を有効利用

所在地：東京都目黒区
用途地域：近隣商業地域
防火規制：準防火地域
高度地区：第2種高度

規模：鉄骨造4階建て（耐火構造）
敷地面積：51.70 ㎡（15.7 坪）
建築面積：41.35 ㎡（12.5 坪）
延床面積：154.98 ㎡（47.0 坪）

竣工：2010 年
用途：専用住宅
地盤対策：鋼管杭
外装仕上げ：中空セメント板

設計：建築計画網・大系舎
構造設計：構造設計工房デルタ
施工：株式会社 シマダ建設
撮影：建築計画網・大系舎

設計事例 **07**　FJ-HOUSE
オーナー住宅付5階建てテナントビル

敷地 39坪	木造	鉄骨造	RC造
	3階	4階	5階
	一種中高層	近隣商業	商業	準工業

　東京都足立区の駅前広場に面して建つテナント併用住宅。
　敷地形状は、間口5.4m×奥行き27.0mと、極端に細長い形をしており、両側及び裏面をビルに囲まれていて、隣接ビルがこちらの敷地に迫って建っている。その結果、計画建物の間口方向については、少しでも幅広く取れるように様々な面において工夫が施されている。幸いこの地区の地盤は良く、直接基礎で計画することができた。
　この建物では、1階から3階がテナント、4・5階がオーナー住宅になっている。
　間口が狭いことを意識的に解消するために、このビルでは天井高（3.0m）を高く取ることで、狭さや圧迫感を解消している。
　外観はシンプルにすることで、ゴミゴミした近隣ビルとは対照的にしている。

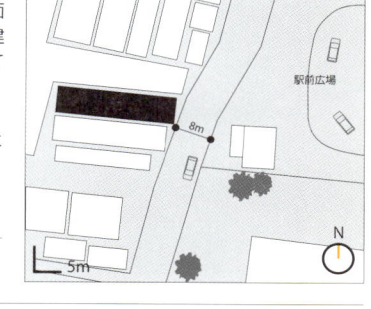

Keyword **22**　狭小地住宅で一般的な鉄骨造　　Keyword **32**　賃貸併用住宅と事業計画

「ウナギの寝床」のような細長い敷地　Keyword **16**

　間口5.4m×奥行き27.0mのウナギの寝床のような敷地のため、鉄骨ラーメン構造で計画した。また、地下数メートルに確認された礫層に直接基礎で支持させるため、柱の本数を増やして荷重を分散させるように計画した。

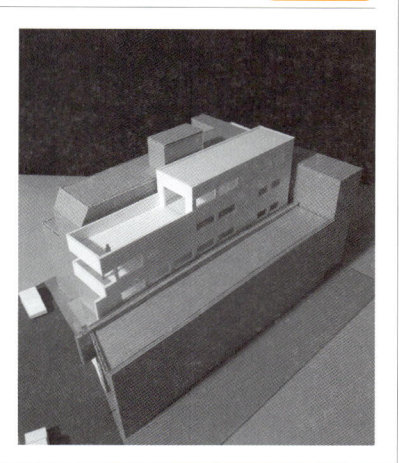

シンプルなデザインのファサード

隣地ビルが迫り境界ギリギリの工事　Keyword **42**

　両隣の境界までの距離は15cmで、隣接ビルもこちらに迫って建てられているため、外壁や基礎工事はかなり困難なものであった。
　隣接建物の基礎の深さを考慮して、土留めを最小限に抑えて施工した。

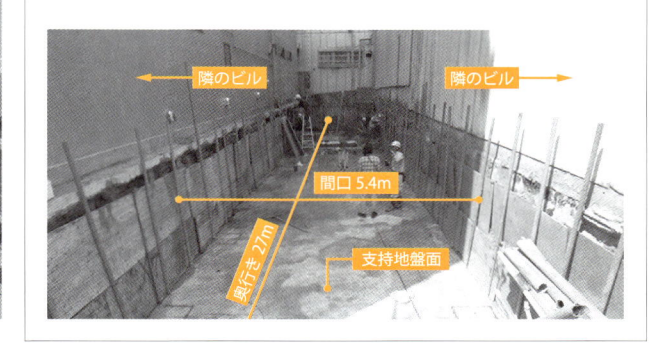

駅前広場に面した立地

所在地：東京都足立区	規模：鉄骨造5階建て（耐火構造）	竣工：2013年	設計：建築計画網・大系舎
用途地域：商業地域	敷地面積：130.28 ㎡（39.5坪）	用途：テナント付共同住宅	構造設計：構造デザイン
防火規制：防火地域	建築面積：113.4 ㎡（34.4坪）	地盤対策：直接基礎	施工：株式会社　ニート
高度地区：―	延床面積：528.2 ㎡（160.1坪）	外装仕上げ：ALCパネル	撮影：建築計画網・大系舎

3章　設計事例

設計事例 **08** TD-HOUSE 狭小間口の2世帯RC住宅

敷地 22坪	木造	鉄骨造	**RC造**
	3階	4階	5階
	一種中高層	近隣商業	商業	**準工業**

東京都大田区に建つRC造の2世帯住宅である。
　20坪強の敷地で、かつ間口が狭いため、2世帯がゆとりをもって生活するスペースをつくり出すことが設計の大きなテーマであった。
　1階は60代の両親、2階はLDKで2世帯の共用スペース、3階は子世帯のスペースとなっている。
　水廻りの設備は、基本的には各世帯で独立しているが、くつろぎのための2階のLDKを共用とすることで、家全体としては各スペースにゆとりが感じられようになった。
　RC造を選択した理由は、主に災害時の延焼防止の面からである。またコンクリートの蓄熱性を利用して、基本的に外断熱としている。

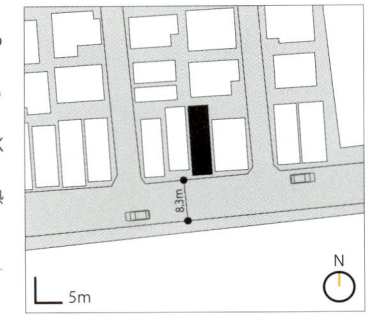

Keyword 23 耐火性や遮音性に優れたRC造　　**Keyword 31** 2世帯住宅の相続税優遇制度

庇が特徴的なファサード※ 　　天井が高い開放的なリビング※ 　　コンクリート打ち放し仕上げのリビング

PLAN

1階平面図　　2階平面図　　3階平面図　　3.5階平面図

所在地：東京都大田区　　規模：RC造3階建て（耐火構造）　　竣工：2008年　　設計：建築計画網・大系舎
用途地域：準工業地域　　敷地面積：72.6㎡（22.0坪）　　用途：専用住宅　　構造設計：構造設計工房デルタ
防火規制：準防火地域　　建築面積：43.2㎡（13.1坪）　　地盤対策：鋼管杭　　施工：株式会社　建匠
高度地区：第2種高度　　延床面積：121.8㎡（36.9坪）　　外装仕上げ：断熱材＋サイディング　　撮影：飯村昭彦（※）

設計事例 **09** NA-HOUSE
見せる収納で楽しく住む狭小木造住宅

敷地 18坪	木造	鉄骨造	RC造
	3階	4階	5階
	一種中高層	近隣商業	商業	準工業

東京都杉並区の住宅地に建つ3階建てのコンパクトな木造住宅である。
準防火地域であるため、木造の準耐火構造で計画した。
1階は、寝室とアトリエ、2階がLDK、3階は子供スペースとなっている。
コンパクトな大きさのこの住宅は、階段室、キッチンなど手を伸ばすとどこかに家具的な仕掛けがある。

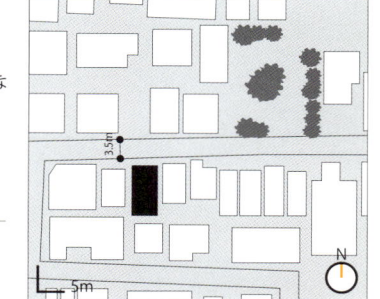

Keyword 21 耐火構造も可能な木造
Keyword 33 狭さを克服するデザイン
Keyword 34 広がりを感じさせるデザイン

建物外観。縦格子の内側はベランダ
コンパクトなLDK。廻れるキッチン 
食事、勉強、作業など使い方は多様 

PLAN

1階平面図
2階平面図
3階平面図

所在地：東京都杉並区　　規模：木造3階建て（準耐火構造）　　竣工：2004年　　設計：建築計画網・大系舎
用途地域：第1種中高層　　敷地面積：58.9㎡（17.8坪）　　用途：専用住宅　　構造設計：SE構法
防火規制：準防火地域　　建築面積：34.9㎡（10.6坪）　　地盤対策：RES-P（地盤改良）　　施工：株式会社　長野工務店
高度地区：第2種高度地区　　延床面積：88.4㎡（26.8坪）　　外装仕上げ：窯業系サイディング　　撮影：飯村昭彦（※）

設計事例 10 KY-HOUSE
防火地域に建つ木造耐火3階建て住宅

敷地 10坪	木造	鉄骨造	RC造
	3階	4階	5階
	一種中高層	近隣商業	**商業**	準工業

東京都江東区に建つ3階建て木造耐火建築物の戸建て住宅。
　敷地面積は34㎡（約10坪）と狭小であり、また、地盤が悪く、前面道路は4mを満たさない2項道路。施工面の不安が大きい敷地であった。
　そこで、自重が軽く、建て方等の工事を比較的行いやすい木造とし、（一社）日本木造住宅産業協会の木造軸組工法耐火建築物で計画を行った。
　家を大きな家具と想定して設計し、間仕切り壁を少なくして、なるべく広々と感じさせるスペースをつくった。

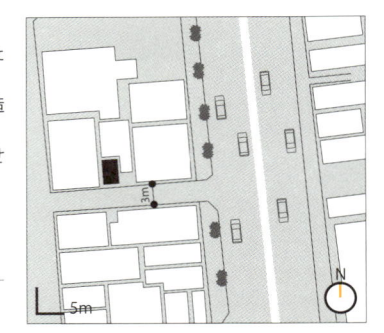

Keyword 07　耐火・準耐火建築物　　Keyword 21　耐火構造も可能な木造

2項道路（有効幅員4m）に面した狭小敷地

1室空間の2階LDK。スペースに合わせてキッチンを特注した

木造耐火建築物の仕様　　Keyword 21

日本木造住宅産業協会の木造軸組工法耐火建築物の仕様は、部位によって詳細な仕様規定がある。
木部を強化石膏ボードで被覆することが基本的な考え方であるが、胴縁の寸法や使用する断熱材の種類なども詳細に定められている。
　また、強化石膏ボード21mmの2重貼りなど、被覆材にはかなりの厚みが必要になるため、壁厚が20cm～25cmと厚くなる。

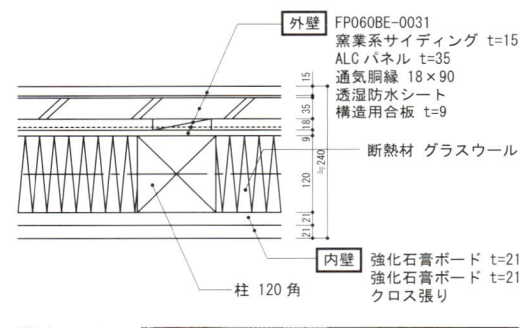

外壁　FP060BE-0031
窯業系サイディング t=15
ALCパネル t=35
通気胴縁 18×90
透湿防水シート
構造用合板 t=9
断熱材 グラスウール
内壁　強化石膏ボード t=21
　　　強化石膏ボード t=21
　　　クロス張り
柱 120角

[外部]
強化石膏ボード t=21
21×2
窯業系サイディング t=15
ALCパネル t=35
通気胴縁 18×90
透湿防水シート
構造用合板 t=9
[室内側]

木造耐火建築物の外壁の仕様 / 日本木造住宅産業協会

所在地：東京都江東区
用途地域：商業地域
防火規制：防火地域
高度地区：—
規模：木造3階建て（耐火）
敷地面積：33.9㎡（10.3坪）
建築面積：25.7㎡（7.8坪）
延床面積：76.3㎡（23.1坪）
竣工：2013年
用途：専用住宅
地盤対策：RES-P（地盤改良）
外装仕上げ：窯業系サイディング
設計：建築計画網・大系舎
構造設計：安藤美樹建築事務所
施工：株式会社 ISOLA HOME
撮影：建築計画網・大系舎

4章

完成までのプロセス

TG-HOUSE
狭小間口の鉄骨造 5 階建て 2 世帯住宅

敷地 12 坪	木造	鉄骨造	RC造
	3 階	4 階	5 階
	一種中高層	近隣商業	商業	準工業

　東京都台東区の敷地 12 坪に計画した 6 人家族の鉄骨 5 階建て 2 世帯住宅。敷地は、間口が約 3.6m、奥行きは約 11m の「ウナギの寝床」のような形状である。

　様々な厳しい敷地条件で、どのような都市型住宅ができるか検討して設計をすすめたプロジェクトである。

Keyword 08 階数による制限と緩和
Keyword 22 狭小地住宅で一般的な鉄骨造
Keyword 28 ホームエレベーターの考え方
Keyword 29 屋上利用か屋根か

道路から見る※ 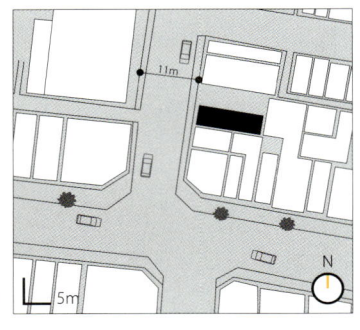 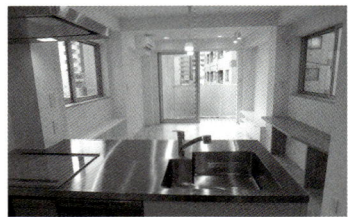　　　4 階 LDK

所在地：東京都台東区	規模：鉄骨造 5 階建て（耐火構造）	竣工：2011 年	設計：建築計画網・大系舎
用途地域：商業地域	敷地面積：41.1 ㎡（12.5 坪）	主要用途：専用住宅	構造設計：構造デザイン
防火規制：防火地域	建築面積：34.3 ㎡（10.4 坪）	地盤対策：鋼管杭	施工：(株)ニート
高度地区：ー	延床面積：132.9 ㎡（40.3 坪）	外装仕上：金属サイディング	撮影：飯村昭彦（※）

この住宅ができるまで・・・

（現地調査）
（現地調査） 
（スタディー模型） 

① 現地調査

（近隣の環境）　**Keyword 04**

- 部分的に下町の古い木造家屋が残っているが、交通の便が良く、都市化が進んでいる地域。
- 隣接建物は境界にせまって建てられている。
- 南隣は 3 階建て（一部 4 階建て）の事務所ビル。境界までは 20cm の距離。
- 南側奥は木造 2 階建て住宅で、近い将来ビル化の可能性が大きい。
- 東側の事務所ビルは、上階の事務室の窓から見られる可能性がある。
- 北側隣地は間口 3m 弱の駐車場であり、建物はない。工事中は借地した。
- 駐車場を介した北側のビルは、敷地側に窓が少ない。
- 電線は道路の敷地側を通っている。

都市化が進む台東区の商業地域 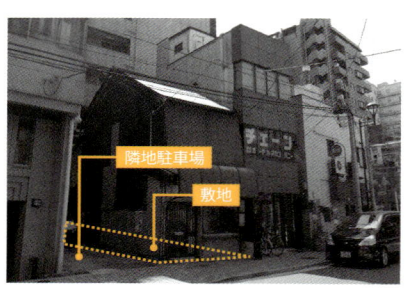　　　隣地には間口 3m 弱の駐車場がある

（道路関係） Keyword ⑩
・西側前面道路は、11m幅の道路に面している。比較的交通量は少ない。
・向かいに路地があり、敷地から視線の広がりが感じられる。

前面道路幅員は11m　　　　　向かいには路地がある

（地盤について） Keyword ⑰
・近隣データを入手すると直接基礎は難しく、杭が必要なことが想定される。
・想定の杭長は約12m。
・最終的には、現地での地盤調査が必要となる。

設計

② 基本設計

（構造の検討） Keyword ⑯
構造設計者と打ち合わせを行いながら、部材のメンバーや配置・杭の仕様を検討する。

・地盤の状態や施工性、建築コスト等を考慮し、鉄骨ラーメン構造を選択。
・柱は細かく配置して、できるだけ荷重を分散するように計画する。

（階段の位置） Keyword ㉗
竪穴区画が必要となるため、階段は奥にまとめ、採光をとりやすい西側を居室にする。

（視界の広がり）
・西側道路面には路地の「抜け」があるため、開口部からの視界の広がりが期待できる。外からの視線も気にならない。
・北側の駐車場は間口が2m程度で将来的にも建物は建ちにくいと考えられるため、窓を設けて安定した北側の採光をとる。

（地盤対策） Keyword ⑳
・近隣データから、支持層は約13mと想定。
・狭小地の場合、杭の施工性がとても重要になってくるため、それらを考慮して鋼管杭を選択。事前に杭業者に相談し、重機の旋回や資材置き場等施工性を確認しながら検討した。

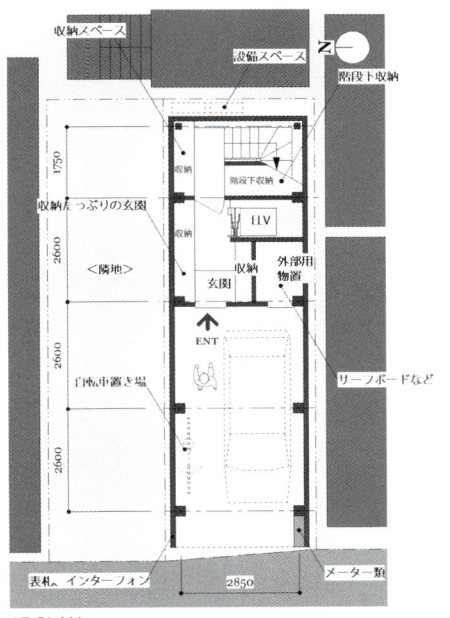

1F-PLAN

＜完成までのプロセス＞
TG-HOUSEの場合

①現地調査
設計
②基本設計
③地盤調査
④実施設計
⑤お知らせ看板　近隣説明
⑥見積図面提出　確認申請
見積調整　工事契約
工事着工
⑦杭工事
⑧基礎工事
⑨鉄骨工場検査
⑩建て方
⑪中間検査
⑫外壁工事
⑬耐火被覆
⑭ELV工事
⑮内装工事　造作工事
⑯完了検査
⑰完成

4章　完成までのプロセス　133

＜完成までのプロセス＞
TG-HOUSE の場合

（解体工事）
↓
（解体工事） 
↓
（解体後の敷地） 
↓
（地盤調査） 
↓
（地盤調査） 
↓
（最終模型） 
↓
（ショールーム見学） 

（敷地ギリギリの設計）　Keyword ㉕　Keyword ㊹
・外壁から隣地境界までの距離を１５cmとして、無足場での施工を提案。
・基礎工事のための山留も、最小限の施工寸法で可能な工法で検討している。
・室外機や熱源器は各階に小さなバルコニーを設置して、設備置き場とする。

（隣地を借りる）
工事期間中、北側駐車スペースを借りることを提案。
狭小地の場合、敷地に空きスペースが取りにくく、足場や資材置き場、工事車両の駐車スペースの確保がとても重要となる。

この提案をベースに、建て主との打ち合わせを重ね、設計を進める。

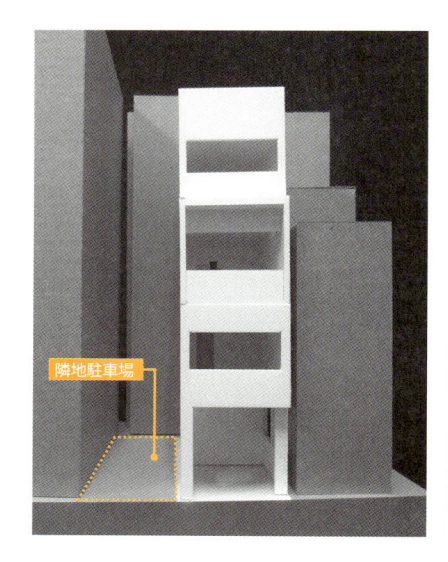

隣地駐車場

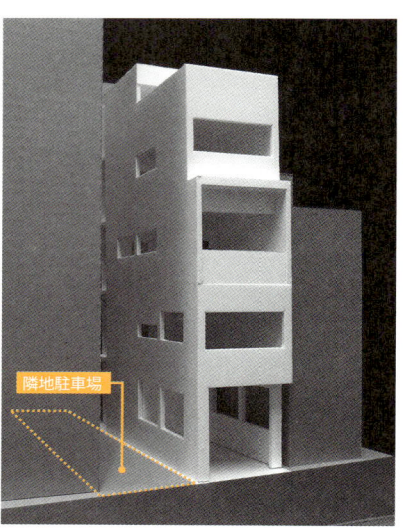

隣地駐車場

③ 地盤調査

本格的な設計に入るにあたり、古い建物の解体と地盤調査が行われた。　Keyword ⑰

解体を行う過程で出現する、ガランとした内部空間から、これから出来る空間を想像してみるのも設計のシミュレーションになる。

解体中の内部

解体後の様子

解体後の地盤調査では、土質の状態を調べるために、標準貫入試験と孔内水平載荷試験を行った。

サンプル土

地中から、実際の土のサンプルをとる　　標準貫入試験の様子

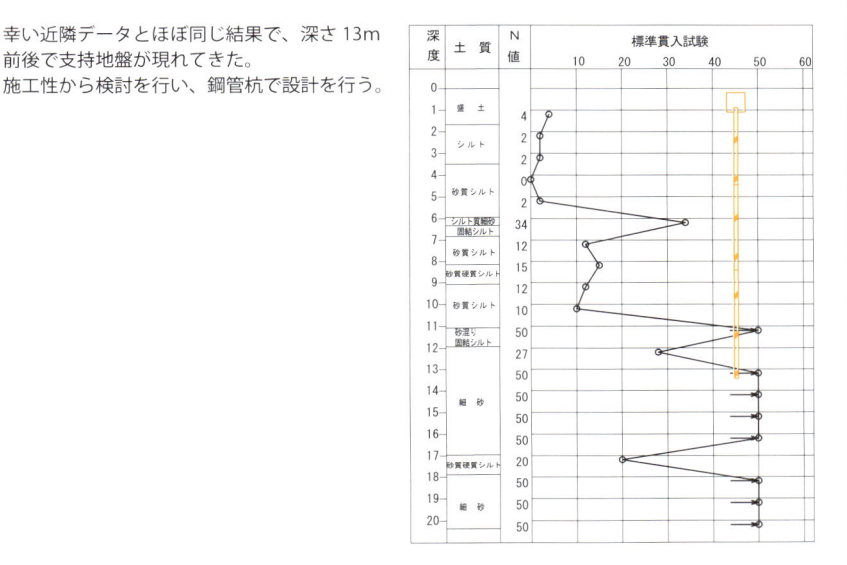

幸い近隣データとほぼ同じ結果で、深さ13m前後で支持地盤が現れてきた。
施工性から検討を行い、鋼管杭で設計を行う。

深度	土質	N値	標準貫入試験 10 20 30 40 50 60
0			
1	盛土	4	
2	シルト	2	
3		0	
4	砂質シルト		
5		0	
6	シルト質細砂 固結シルト	34	
7		12	
8	砂質シルト		
9	砂質硬質シルト	12	
10	砂質シルト	10	
11	砂混り 固結シルト	50	
12		27	
13		50	
14	細砂	50	
15		50	
16		50	
17	砂質硬質シルト	20	
18		50	
19	細砂	50	
20		50	

④ 実施設計

（構造体の確定）
これまでの打ち合わせを踏まえて構造計画を確定し、構造設計者に具体的な計算に入ってもらい、構造体のメンバーや配置、納まりを決めていく。

（仕上げ材の検討）
無足場での外壁工事となるため、外装仕上げには内側から施工が行いやすい金属サイディングを選択。

（設備等の検討）
設備機器選定のため、施主をショールームに案内する。
この計画では、キッチンは現場造作のキッチンとした。
既成寸法に縛られず自由に設計できる造作キッチンはプランにゆとりのない狭小地の設計では有効である。

＜完成までのプロセス＞
TG-HOUSE の場合

①現地調査

設計

②基本設計
③地盤調査
④実施設計

⑤お知らせ看板　近隣説明

⑥見積図面提出　確認申請

見積調整　工事契約

工事着工

⑦杭工事
⑧基礎工事
⑨鉄骨工場検査
⑩建て方
⑪中間検査
⑫外壁工事
⑬耐火被覆
⑭ELV工事
⑮内装工事　造作工事

⑯完了検査
⑰完成

設計 9+2ヶ月　確認申請等 2ヶ月　工事 9ヶ月

4章　完成までのプロセス

<完成までのプロセス>
TG-HOUSE の場合

(地鎮祭)
↓
(杭工事) 
↓
(杭工事) 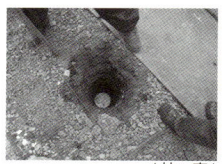
↓
(掘削工事) 
↓
(柱脚設置) 
↓
(鉄筋工事) 
↓
(コンクリート打設) 

(設計の完了)
打ち合わせを重ねて、設計が完了した。

この住宅の中心であるLDKを、3階と4階のどちらにするか、何度も打ち合わせを重ねた。
その結果、一日中過ごすことの多いLDKは、位置によるメリットとデメリット、そしてコストを検討し、最終的には4階に置くことになった。
4階は日照や通風、そしてプライバシーを確保することができるためである。

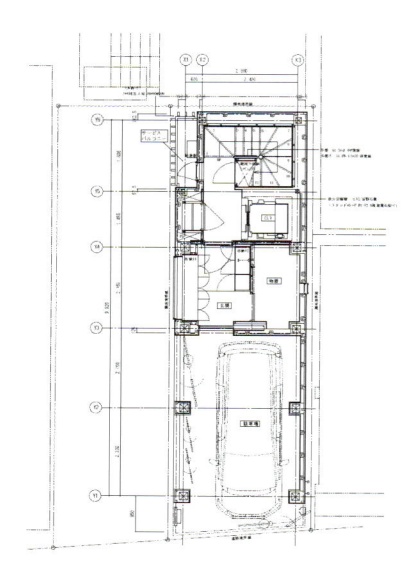

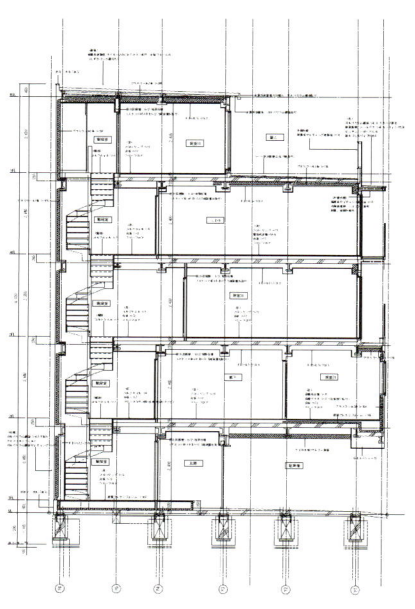

⑤ お知らせ看板の設置と近隣説明

台東区の中高層条例より、お知らせ看板の設置や近隣説明を行う。
これらは確認申請前に済ましておく必要がある。
看板設置期間や近隣説明の時期は自治体により決められているため確認が必要である。

Keyword ⑮

⑥ 見積提出と確認申請

見積図面を作成して、複数の施工業者に図面を提出(相見積)する。見積期間はおおよそ3週間程度。
その後、提出された見積金額を確認・調整して業者を選定し契約となる。

その間、設計事務所は確認申請の作業を行う。
確認申請では適合性判定の審査対象となり、提出書類が多くなる。
審査期間はおおよそ1.5ヶ月であった。

適合性判定は確認申請書類が多い

工事

⑦ 杭工事

径200mm程度の羽根付き鋼管杭を各柱下に計10本打ち込む。長さは12m。

所定の杭位置を現場で確認して、杭を打ち込んでいく。
1本目は設計者立会いのもと、地盤のデータとトルク値を見て、地盤を確認しながら試験杭を打ち込む。

隣地駐車場を借りることで材料置き場や重機の作業スペースとして利用できたため、杭工事をスムーズに進めることができた。

Keyword ⑳

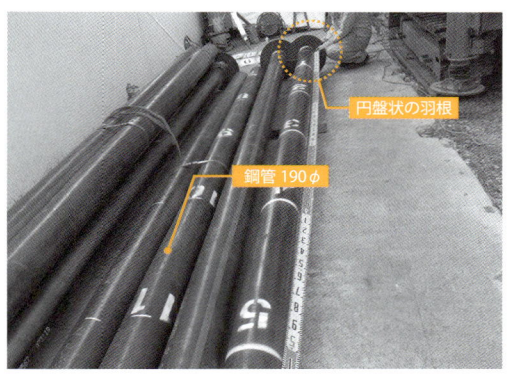

円盤状の羽根
鋼管 190φ

鋼管杭
先端は円盤状の羽が付いている

圧入

鋼管杭を圧入
羽根付鋼管杭は排出残土が少ない

溶接

杭は溶接で継いでいく

＜完成までのプロセス＞
TG-HOUSE の場合

① 現地調査

設計

② 基本設計
③ 地盤調査

④ 実施設計

⑤ お知らせ看板　近隣説明

⑥ 見積図面提出　確認申請

見積調整　工事契約

設計 6ヶ月　確認申請 2ヶ月

工事着工

⑦ 杭工事
⑧ 基礎工事
⑨ 鉄骨工場検査
⑩ 建て方
⑪ 中間検査
⑫ 外壁工事
⑬ 耐火被覆
⑭ ELV工事
⑮ 内装工事　造作工事

⑯ 完了検査
⑰ 完成

竣工 9ヶ月

4章　完成までのプロセス　137

<完成までのプロセス>
TG-HOUSE の場合

(鉄骨工場検査)
↓
(鉄骨工場検査) 
↓
(建て方) 
↓
(建て方) 
↓
(建て方) 
↓
(外壁胴縁工事) 
↓
(外壁胴縁工事) 

⑧ 基礎工事

掘削・山留め工事の後、基礎工事を行う。
最初に柱脚金物の固定を行い、その後基礎の鉄筋を組んでいく。
狭小住宅で、かつ5階建てのため、基礎には非常に多くの鉄筋が配置された。
配筋が完了したところで、構造設計者を交えて配筋検査を行い、その後コンクリートを打設して基礎が完成した。

鉄筋が複雑に絡み合う柱脚廻り

基礎配筋完了

コンクリート打設で基礎が完成

⑨ 鉄骨工場検査

基礎工事と並行して、鉄骨部材の製作が進められる。
あらかじめ作成された施工図をもとに、柱・梁等の様々な部材が工場内で製作されていく。
おおよそ製作が終わった段階で工場にて製品検査を行い、鉄骨の寸法や詳細な納まり、超音探傷試験による溶接部の検査が行われた。

工場に並べられた鉄骨

施工図から納まり等を打ち合わせ

溶接部の超音波試験

⑩ 建て方

工場で製作された鉄骨部材を現場に搬入し、建て方工事が行われた。
基礎にセットされた柱脚金物に鉄骨柱を建て込み、梁等の部材をボルトで留めて固めていく。

12坪という狭小地で、敷地に可能な限り建築するため、建て方は大変な工事になる。
隣地建物との距離が非常に狭く相当な注意が必要になる上、重機の設置場所や旋回に必要な広さ、資材置き場などのスペースが取りにくいためである。
今回は隣地駐車場を借りたため、スムーズに作業を進めることができた。
建て方は2日にわたって行われた。

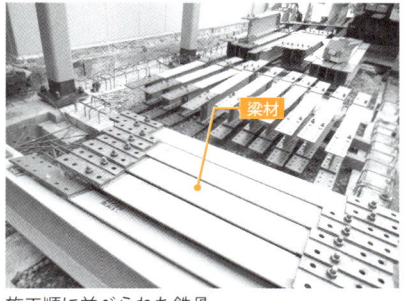

施工順に並べられた鉄骨

鳶は高所でも軽やかに動いて作業する

4階を超すクレーン

建て方完了

⑪ 中間検査

指定確認検査機関により中間検査を受けた。
建物の配置や高さ、ボルトや溶接の施工状況などを現場にて検査される。

この数日後、東日本大震災が発生した。幸いにも構造体が完成した後だったため、建物に被害はなかったが、交通機関や流通の停滞が今後の工事に影響を及ぼすことになった。

＜完成までのプロセス＞
TG-HOUSEの場合

設計
① 現地調査
② 基本設計
③ 地盤調査
④ 実施設計
⑤ お知らせ看板 近隣説明
⑥ 見積図面提出 確認申請

見積調整 工事契約

工事着工
⑦ 杭工事
⑧ 基礎工事
⑨ 鉄骨工場検査
⑩ 建て方
⑪ 中間検査
⑫ 外壁工事
⑬ 耐火被覆
⑭ ELV工事
⑮ 内装工事 造作工事
⑯ 完了検査
⑰ 完成

設計 6+2ヶ月
確認申請 2ヶ月
工事 6ヶ月

4章 完成までのプロセス

<完成までのプロセス>
TG-HOUSE の場合

(外壁工事)
↓
(耐火被覆工事) 
↓
(内部胴縁工事) 
↓
(エレベーター工事) 
↓
(フローリング張り) 
↓
(造作家具工事) 
↓
(完成) 

⑫ 外壁工事

各階の床にコンクリートが打設され合成スラブが完成した。これで内部からの工事が行いやすくなる。
まずは外壁工事が行われた。
4面のうち2面は、隣地境界までの距離が15cmと狭いため、無足場で室内側から工事を行う。
事前に職人と綿密な打ち合わせを行い、耐火構造の外壁をつくっていく。
下地となるガルバリウム鋼板の上にアスファルトフェルトを固定して、その外側を金属サイディングで仕上げる。
足場がないので、内側から一段一段仕上げていくという難しく手間のかかる工事であった。

Keyword ㉕

金属サイディングを加工する板金工

室内側から金属サイディングを取り付ける

金属サイディングが張り上がった外壁

⑬ 耐火被覆工事

外壁が完成した後、耐火被覆工事が行われた。
耐火被覆材は、もっとも一般的であるロックウール吹き付け。
ロックウールとセメントを現場で混合して、ホースを使って鉄骨の柱梁、外壁下地となるガルバリウム鋼板に吹き付ける。

Keyword ㉒

ロックウール吹き付けの様子

ロックウールの吹き付け完了

⑭ エレベーター工事

ホームエレベーターは狭い縦穴状の昇降路の中に設置されるため、部品は人の手で運ぶことができるような大きさに分割されている。
昇降路の中にレールを組み立てたあと、籠の組み立てを行い、電子回路を調整して完成となる。

Keyword ㉘

⑮ 内装工事・造作工事

外部が完成すると、内装・造作工事が始まる。
小さな面積をできるだけ合理的に利用するためには、キッチンやカウンター、壁面収納などを現場にあわせて造作することが有効である。
プラン上、キッチンは幅が広くとれず、また構造の柱型が干渉してしまうため、W2000mm×D900mmで奥行を広めにとり、柱型に合わせて切り欠かれた形状の造作キッチンとした。

建具職人が現場で建具の調整を行う　　現場に合わせて造作したキッチン

⑯ 完了検査

最後に指定確認検査機関により完了検査を受けた。
ホームエレベーターの検査も同時に行われる。

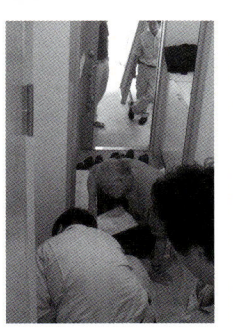

＜完成までのプロセス＞
TG-HOUSEの場合

①現地調査
設計
②基本設計
③地盤調査
④実施設計
⑤お知らせ看板 近隣説明
⑥見積図面提出 確認申請
見積調整 工事契約
工事着工
⑦杭工事
⑧基礎工事
⑨鉄骨工場検査
⑩建て方
⑪中間検査
⑫外壁工事
⑬耐火被覆
⑭ELV工事
⑮内装工事 造作工事
⑯完了検査
⑰完成

設計 6+2ヶ月
確認申請等 2ヶ月
工事 6ヶ月

4章　完成までのプロセス　141

＜完成までのプロセス＞
TG-HOUSE の場合

設計 6+2ヶ月
- ①現地調査
- **設計**
- ②基本設計
- ③地盤調査
- ④実施設計
- ⑤お知らせ看板 近隣説明
- ⑥見積図面提出 確認申請

確認申請等 2ヶ月
- 見積調整 工事契約

工事 6ヶ月
- **工事着工**
- ⑦杭工事
- ⑧基礎工事
- ⑨鉄骨工場検査
- ⑩建て方
- ⑪中間検査
- ⑫外壁工事
- ⑬耐火被覆
- ⑭ELV工事
- ⑮内装工事 造作工事
- ⑯完了検査
- ⑰完成

⑰ 完成

完了検査の検査済証を受け取り、無事完成となった。
設計から完成まで、おおよそ14ヶ月程度であった。

コルクを張った階段　Keyword ㉗

鉄骨階段の段板にはコルクタイルを張って適度なやわらかさを感じる階段とした。

設備の設置場所　Keyword ㊵

外部スペースがほとんどとれないため、階段に隣接してサービスバルコニーを設け、室外機や熱源器置き場としている。

PLAN

家族6人の二世帯住宅。
2階に両親の居室と水廻り、3階に家族室、4階 LDK として、5階に予備室を設けている。

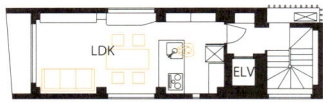

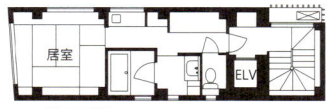

- 5階平面図（屋上・居室）
- 4階平面図（LDK・ELV）
- 3階平面図（家族室・ELV）
- 2階平面図（居室・ELV）
- 1階平面図（隣地（駐車場）・サービスバルコニー・玄関・ELV　11.44m／3.65m／11.17m／3.63m／3m）

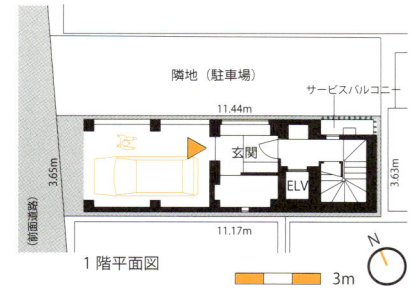

おわりに

　この10年ほどの間に、都心や下町の狭小地に、3・4・5階建ての都市型の戸建て住宅を設計する機会が増えてきた。

　このタイプの住宅の設計を通じて感じることは、一般的な郊外型の住宅設計と、多くの面で異なっていることである。その異なっている点こそが、都市型住宅としての特質であり、それをきちんまとめてみたいと思ったのが、この本を書く一番の動機であった。

　また近年は、住宅がまちとは無関係につくられ続けているという点が、住宅設計者として非常に居心地が悪いと感じていた。このような住宅とまちとの不幸な関係は、現代の住宅が陥っている大きな問題点であると感じている。

　その理由の一つは、高度成長期には、住宅を大量生産するために、特定の地域やまちとは切り離し、汎用性が高いデザインにする必要があったことが一つの要因だと考えている。本来、まちと住宅は、切り離して考えるべきことではなく、一体のものであるという考え方が必要な時代になっているとつくづく思う。

　都市型の狭小地3・4・5階建て住宅の設計においては、まちと切り離して考えることができないと言う点で、まちと住宅の関係を、再び考えるためのきっかけになるのではないかと感じている。

　また、本書の内容の後半では、工事段階におけるウェブを使った家づくりのコミュニケーションの方法についても触れている。これは、住宅設計において、出来上がった住宅と同様に、家づくりのプロセスも重要であると考える著者の独自の考えから、本書のコンテンツに加えたものである。

　なお、本書のルーツを辿ると、大戸が設計修業時代に在籍していた大野建築アトリエにて、都市型住宅の開発や設計に携わったことであり、その経験が現在に繋がっている。その意味で所長の建築家・故大野勝彦氏には感謝の意を表したい。

　最後に本書の住宅写真の多くを、独自の視点で撮影していただいた写真家の飯村昭彦氏には、特に感謝したい。飯村氏の写真には、住宅と住人の一体的な姿が描写されており、建築家の手が及ばない、住まいのリアリティを見事に切り取ってくれている。

　また、都市型の戸建て住宅の設計に関してご理解をいただき、本書を執筆する機会をつくっていただいた元学芸出版社の村田譲氏には大変感謝している。学芸出版社の中木保代氏には、初期の構想段階から的確なアドバイスを多くいただいた。そのおかげで、ようやく本書が完成したといってもよい。あらためて、この場を借りて感謝の言葉を述べたい。

著者紹介

大戸 浩（おおと ひろし）
1954年　神奈川県横須賀市生まれ
1978年　福井大学工学部建築学科卒業
1981〜1983年　渡辺豊和建築工房（大阪）
1983〜1988年　大野建築アトリエ（東京）
1989年　建築計画網・大系舎1級建築士事務所設立、現在に至る
東京の都心部や下町地区を中心に、都市型住宅の設計に多くの実績を持つ。
主な著書に『なぜ、ウェブに強い設計事務所は家づくりが上手いのか』『内外装材活用シート』『鉄骨造のつくり方』（以上、共著/エクスナレッジ）など。

森川貴史（もりかわ たかし）
1974年　東京生まれ
1998年　工学院大学工学部卒業
2001年　スペースデザインカレッジ卒業
2003年　建築計画網・大系舎入所。現在に至る
一般住宅の設計の他、コンバージョンなどのリノベーション設計や、ウェブ・デザインも手掛けている。
主な著書に『なぜ、ウェブに強い設計事務所は家づくりが上手いのか』『内外装材活用シート』（以上、共著/エクスナレッジ）など。

写真クレジット

飯村昭彦
1章：図3、5、6、10、12、13
2章：⑨図1 ⑩図1（下）㉓図2 ㉖図1、2 ㉗図2、3 ㉚図5 ㉛図1、2 ㉝図1、2、4、5 ㉞図1、3、4 ㉟図1、4 ㊱図1、2、4 ㊲図2、3、4、6 ㊳図1〜4 ㊶図5
3章：※印の写真

上記以外は、建築計画網・大系舎

本書に掲載している多くの事例は、建築計画網・大系舎のWEBサイトで閲覧可能です。☞ http://www.taikeisha.net

主な参考図書・文献

○都市型住宅
・大野勝彦『都市型住宅』工業調査会
・森本信明・前田享宏『まちなか戸建』学芸出版社
・北山恒・塚本由晴・西沢立衛『TOKYO METABOLIZING』TOTO出版
・『住宅特集』2014年6月号「特集/密集市街地の住まい」新建築社

○設計監理
・NPO法人家づくりの会『[住宅]設計監理を極める100のステップ』エクスナレッジ
・『[RC×S×木]構造デザイン入門』エクスナレッジ
・『内外装材[活用シート]2014-2015』エクスナレッジ
・『鉄骨造のつくり方』エクスナレッジ
・日本建築学会『構造用教材』
・日本木造住宅産業協会『木造軸組工法による耐火建築物設計マニュアル』
・大口径ボーリング協会『大口径ボーリング工法　設計・施工・積算基準』
・大戸浩・森川貴史『なぜ、ウェブに強い設計事務所は家づくりが上手いのか』エクスナレッジ
・『建築知識』2012年4月号「最小限省エネ住宅のススメ」

○その他
・御旅屋尚文『相続・贈与のしくみ』日本文芸社

狭小地3・4・5階建て住宅の設計法

2015年9月15日　第1版第1刷発行

著　者　大戸　浩・森川貴史
発行者　前田裕資
発行所　株式会社 学芸出版社
　　　　京都市下京区木津屋橋通西洞院東入
　　　　電話 075-343-0811　〒600-8216
装　丁　フジワキデザイン
印　刷　オスカーヤマト印刷
製　本　山崎紙工

© Oto Hiroshi, Morikawa Takashi　2015　　Printed in Japan
ISBN978-4-7615-3219-2

JCOPY〈(社)出版者著作権管理機構委託出版物〉
本書の無断複写（電子化を含む）は著作権法上での例外を除き禁じられています。複写される場合は、そのつど事前に、(社)出版者著作権管理機構（電話 03-3513-6969、FAX 03-3513-6979、e-mail: info@jcopy.or.jp）の許諾を得てください。
また本書を代行業者等の第三者に依頼してスキャンやデジタル化することは、たとえ個人や家庭内での利用でも著作権法違反です。